Unterm Oleander

Kaptain Hein Seemann

Unterm Oleander

Bibliografische Information der Deutschen Nationalbibliothek
Die Deutsche Nationalbibliothek verzeichnet diese Publikation in der Deutschen
Nationalbibliografie; detaillierte bibliografische Daten sind im Internet über
http://dnb.dnb.de abrufbar.

© 2016 Kaptain Hein Seemann
Satz, Umschlaggestaltung, Herstellung und Verlag: BoD – Books on Demand
ISBN 978-3-7392-8381-4

Inhalt

Prolog	7
Der Seemann	9
Die Reise beginnt	19
Der Alte	23
Ungeschriebene Gesetze	28
Der schnellste Moses der Welt oder Wie ich lernte, schnell zu sein	32
Was ein Fichflet ist und eine Art, seine Religion zu betrachten	34
Der Kapitänswechsel	39
Ein Seemann ist einfach nicht fürs Laufen geboren	42
Ein Moses wird zum Seemann und vollen Besatzungsmitglied	46
Wie man eine Kneipe auch anders als durch eine Tür verlassen kann	50
Ein neuer Koch und ein neuer Schiffsmechaniker	56
Mein erstes ausländisches Weihnachtsfest	59
Wenn die Zöllner auf einen warten	64
Auch ein Moses braucht einmal Urlaub	66
Was eine Seefahrtschule mit einer Jugendherberge zu tun hat	69
St. Patrick's Day in Irland	76
Maschinendienst	81
Kochende Kartoffeln, die anbrennen	84
Der Thunfisch und ein Indianertanz	94
Bis zum letzten Atemzug	98
Süditalien	103
Der Aufstieg	108
Urlaub in Paris	112
Sonnenuntergang bei Skagen	117
Äquatortaufe	119
Kakerlakenrennen	123
Grillbananen	127
Teetrinken in der Wüste	129

Bombenwetter in Libyen	131
Der zweite Piratenüberfall	133
Flussfahrt	135
Ein Bierglas im Gesicht	138
Schmuggel in der Putzlappenkiste	141
Strafrunde	146
Sandsturm	149
Gran Canaria	152
Erneut auf dem Schulschiff	154
Waffenschieber	156
Kaltes Bier	158
Der Stier und das Waschpulver	160
Magdalena	163
ENDE Epilog	166

Prolog

Mit diesem Buch möchte ich mich bei meinen leider viel zu früh verstorbenen Eltern bedanken. Dafür, dass sie mir eine unbeschwerte Kindheit bereitet haben, und ganz besonders dafür, dass sie mir erlaubt haben, meinen Kindheitstraum zu erfüllen. Es ist und war nicht selbstverständlich, dass Eltern einem Minderjährigen die Ausbildung zu einem Seemann gestattet haben, umso mehr gilt mein Dank und mein Respekt meinen Eltern für diesen Schritt. Erst jetzt, ein Vierteljahrhundert später, kann ich nachvollziehen, was für eine schwerwiegende Entscheidung ich da von meinen Eltern erwartet habe.

Des Weiteren möchte ich mich auf diesem Wege auch bei meinen Geschwistern und allen Verwandten und Bekannten bedanken, die mir seit dieser Zeit beistehen und mir immer wieder geschrieben und mich über die Neuigkeiten aus der Familie und dem Leben an Land informiert haben.

Auch sei an dieser Stelle noch einmal darauf hingewiesen, dass alle Personen und Geschichten in diesem Buch frei erfunden sind und eine Übereinstimmung rein zufällig und nicht bewusst ist. Und einen Dank an Sie, liebe Leser, dass Sie sich die Zeit nehmen, dieses Buch zu lesen.

Ihr Hein Seemann

Der Seemann

Ich stehe hier, fast regungslos, um mich herum vertraute Geräusche aus leiser Musik, Rauschen von Wasser und dem Surren elektronischer Geräte. Quasi, wie eine Werbung verspricht, ein Fels in der Brandung. Und dieser Vergleich ist gar nicht einmal so schlecht. Denn ich schaue durchs Fenster auf die leicht bewegte See hinaus.

Meine kurzen blonden Haare, die zum Mittelscheitel gekämmt sind, bewegen sich leicht im Windzug, der auf der Schiffsbrücke herrscht, da beide Türen ein wenig geöffnet sind. Bei meiner Körpergröße von 179 cm habe ich mit 85 kg einige Kilo zu viel, doch damit kann ich gut leben und auf ein sogenanntes Sixpack bin ich nicht so wirklich versessen.

Zurzeit ist außer mir noch ein Wachmann auf der Brücke. Ein Matrose, als Ausguck tätig und von den Philippinen stammend. Ein netter und sympathischer Kollege, der seinen Job versteht und der mein Vertrauen genießt.

Während ich da nun so regungslos stehe und meine blauen, sanften Augen die See und den Horizont nach anderen Schiffen absuchen, schweifen meine Gedanken zu dem Zeitpunkt zurück, an dem alles begann.

Tja, wann begann alles? War es, als ich als kleiner Bub von vier Jahren mit meinen strohblonden Haaren auf dem Schoß meines Großvaters saß?

Mein Großvater ist mir in Erinnerung als ein aufrichtiger weißhaariger Herr, der am Sonntag ein weißes Hemd und eine Krawatte trug und der mir immer wieder versuchte beizubringen gerade zu laufen. Rücken gerade, Bauch rein und Brust raus. Ich bin stundenlang mit ihm marschiert. Und genau bei diesem Mann mit seiner großen schwarzen Hornbrille saß ich auf dem Schoß und blätterte in einer Illustrierten. Auf der einen Seite war ein Passagierschiff zu sehen, ich kann mich leider nicht daran erinnern, welches es war, doch es war groß und weiß und schwamm in kristallklarem blauen Wasser, auf dem Hintergrund waren Palmen zu sehen. Ich drückte mit meinem kleinen Zeigefinger auf das Foto und sagte: „Opa, auf dem Schiff werde ich einmal Kapitän." Leider verstarb mein Großvater zwei Jahre später, als ich gerade in die Schule gekommen war. Aber dieses Erlebnis ist mir in Erinnerung geblieben und wird mir auch heute noch von meinen vier größeren Geschwistern vorgehalten.

Aber so ist es wohl als Nesthäkchen. Und irgendwie finde ich es auch schön. Bei diesen Gedanken, fern der Heimat und auf einem Kurs, der mir wieder neue Abenteuer eröffnen wird, kann ich mir ein Schmunzeln nicht verkneifen. Dabei weiß ich genau, ich sollte nicht in meinen Gedanken schwelgen, denn wie heißt es so schön im alten Shanty von Hans Albers: „Seemann, lass das Träumen". Doch manchmal, in Augenblicken wie diesen, da ist es einfach nicht möglich, nicht an zu Hause und an die Vergangenheit zu denken. Doch vielleicht war es auch eins der Erlebnisse, die ich als Jugendlicher hatte.

Wie für jeden kleinen Jungen, der an einem dieser Entwässerungskanäle aufgewachsen ist, gab es auch für mich nichts Verlockenderes, als an den warmen Nachmittagen des Sommers am Kanal zu sitzen und zu angeln oder davon zu träumen, auf große Reise zu gehen. Einfach den Kanal hinunter, bis er in einen großen Fluss mündet und dieser wiederum in ein Meer mündet, und dann um die Welt. Doch ich war schon immer so eingestellt, dass ich nicht nur träumen wollte, ich wollte es erleben. Also habe ich mir mit meinem Schulfreund ein Floß gebaut. Gut, es hat nicht für die große Reise gereicht, aber wir hatten erste Erfahrung in der großen Seefahrt gesammelt. Nur, wie üblich wurde es uns nach einiger Zeit zu langweilig und vor allem zu anstrengend, mit den selbst gebastelten Paddeln uns mühselig von einem Ufer zum nächsten zu begeben und eigentlich nicht weiterzukommen. Auch ein Segel aus einem Bettlaken brachte nicht sehr viel, da kaum Wind ging und wir unser viereckiges Floß auch nicht am Wind fahren lassen konnten. Also haben wir beschlossen, dass wir uns aus unserem Floß einen Steg bauen wollten, weil man für ein richtiges Boot ja auch ‚ne Pier brauchte.

Zum Glück war mein Freund zwei Jahre älter und sein Vater der Besitzer eines örtlichen Autohauses. Es war kein großes Autohaus, so wie man es heute kennt. So etwas gab es zum Ende der Siebziger noch nicht auf dem Lande. Aber er hatte alte Schrottautos auf dem Hof und ‚ne Werkstatt, in der wir nach Feierabend basteln durften. Wir haben uns überlegt, wir flexen uns ein Dach von einem der Schrottautos ab und bauen uns einen Motor mit Propeller dran. Ein Dach hatten wir schnell gefunden. Wir haben uns für ein VW-Käfer-Dach entschieden, da es weiter gebogen war und wir uns erhofften, dass wir länger trocken bleiben würden. Nachdem wir die Fenster herausgedrückt hatten, haben wir das Dach abgeflext und gleich danach zum Kanal geschafft. Es musste schließlich ausprobiert werden, ob es schwimmfähig war.

Und ... was soll ich sagen, es lag im Wasser und wir fühlten uns schon fast wie Kapitäne. Doch dann fiel uns ein, wir mussten ja auch noch einen Antrieb haben. Und wo sollten wir den hernehmen? Aber am Abend kam mir ein Gespräch meiner Eltern zugute. Ich hörte, wie sie sich darüber unterhielten, dass in zwei Tagen Sperrmüll wäre und was sie noch an die Straße stellen wollten. Am nächsten Tag unterrichtete ich meinen Freund davon und wir beschlossen, am darauffolgenden Tag die Schule zu schwänzen. Gesagt, getan. Wir sind nicht zur Schule gefahren, stattdessen sind wir mit den Rädern durchs Dorf gefahren und haben Ausschau nach alten Benzinrasenmähern gehalten. Insgesamt haben wir drei Stück davon gefunden und diese haben wir kurzerhand hinter den Rädern hergezogen und in die Werkstatt gebracht. Dort angekommen, haben wir uns darangemacht, einem der Mäher wieder Leben einzuhauchen, was uns auch nach kurzer Zeit gelang. Danach wurde der Motor vom Gehäuse geschraubt und wir standen vor der nächsten Herausforderung.

Wie befestigt man einen Rasenmähermotor an einem umgedrehten Autodach und wie kann man dann an der Welle eine Verlängerung anbringen, um am Ende noch einen Propeller daraufzubekommen? Wir haben auch da praktisch gedacht und uns aus alten Stahlstangen ein kleines Podest gebaut, welches wir auf das umgedrehte Autodach geschweißt haben. Nun hatten wir also ein umgedrehtes Autodach, auf dem ein circa 60 cm hohes Podest thronte, das dazu noch schräg geneigt war, da wir sonst die Welle nicht in einen passenden Winkel bekommen konnten. Auf dieser Konstruktion verschraubten wir unseren Motor. An die Welle des Motors schweißten wir mit viel Mühe und vielen vergeblichen Versuchen eine runde Eisenstange. Diese war so lang, dass sie ins Wasser reichen und auch noch etwa zwanzig Zentimeter unter die Oberfläche kommen würde. Ans Ende, welches ins Wasser kam, wurde noch ein alter Metallpropeller von einem Lüfter geschweißt, welchen wir aus einer der Schrottkisten ausgebaut hatten. Nun hatten wir für diese Konstruktion drei oder vier Tage gebraucht und es war wieder spät geworden.

Was halt für einen Jungen in dem Alter spät war. Um neun wurde ich von meinen Eltern gerufen und musste nach Hause. Und das so kurz vorm Stapellauf. Das ging gar nicht. Aber ich fand keine Ausrede, die es gerechtfertigt hätte, noch ‚ne Stunde dabeibleiben zu können. Also haben wir beschlossen, dass wir am nächsten Nachmittag zum Stapellauf zusammenkommen würden. In der Nacht konnte ich vor Aufregung fast nicht einschlafen und der nächste Morgen in der Schule wollte auch nicht vergehen. Doch dann war es so weit. Ich war zu Hause, die Hausaufgaben gemacht, diese von meiner Mutter kontrolliert und nun aber nichts wie los. Auch mein Freund war gerade fertig geworden und wir sind los, um unser super Schiff zu Wasser zu bringen. Der Stapellauf war auch einfach und praktisch zugleich. Wir haben das Gefährt an die Kanalböschung gestellt, uns dahinter, bis drei gezählt, es kurz angeschoben, draufgesprungen, ganz nach vorne gestellt, damit der Propeller in die Luft ging, und ab ging es. Es war ja nicht tief, nur etwa 1,5 m, und es rutschte echt gut. Nun gut, anstatt übers Wasser zu gleiten, hat es viel Wasser aufgenommen und wir lagen natürlich im schönsten Kanalwasser. Doch unser Superschiff schwamm und der Propeller war unter Wasser. Also interessierte es uns auch nicht weiter, ob wir nass waren oder nicht, denn das kann doch einen Seemann nicht erschüttern. Wir schöpften das Wasser aus unserem Boot und dann haben wir den Motor gestartet. Da wir auf den Luftfilter und einige Dämmlagen verzichtet hatten, war es etwas laut. Das Wasser spritzte hinten im hohen Bogen und zum Teil auch so, dass wir immer mal wieder etwas davon abbekamen. Doch es funktionierte und wir kamen vorwärts. Als wir zweimal etwa fünfhundert Meter den Kanal rauf und runter gefahren waren und unser Tank leer war, haben wir uns entschlossen, noch einen Spritzschutz hinten anzubringen.

Also haben wir uns abgemüht, das Gefährt wieder aus dem Wasser zu bekommen und unsere Idee in die Tat umzusetzen. Am nächsten Tag haben wir das Gefährt zu Wasser gelassen und sind dann am Steg eingestiegen. Das war entschieden trockener. Auch das Spritzwasser blieb draußen. Also sind wir mit dem Fahrrad zum Ortskern gefahren (dort war die nächste Tankstelle) und haben Benzin geholt. Danach haben wir uns entschlossen, zu genau diesem Ortskern mit unserm Boot zu fahren, um dort ein Softeis zu essen. Wir sind auch gut angekommen und das Eis hat wunderbar geschmeckt. Nur hatten wir nicht bedacht, dass wir mit unserer lauten Kiste an der Polizeiwache vorbeigefahren sind und dass man einander in so einem Dorf kannte. Die Herren von der Polizeiwache hatten also nichts anderes zu tun, als zu warten, bis sie uns mit unserem lauten Geknatter hörten, um uns dann ans Ufer zu bitten. Tja, das war's dann mit der Seefahrt. Wir durften noch bis nach Hause fahren, aber da mussten wir unsere Superkiste dann auch noch persönlich verschrotten. Das tat schon weh. Aber wir wollten natürlich keinen Ärger mit der Polizei. Und schon gar nicht wollten wir, dass die Polizei mit unseren Eltern redet.

Welche dieser beiden Geschichten nun der Auslöser war, dass ich zur See fahre, ich kann es nicht sagen. Vielleicht war es auch die Tat, die ich mit fünfzehn anstellte. Ich war schon ein kleiner Held mit zwölf, denn kurz nach der Tat mit dem Superschiff habe ich meine erste Freundin gehabt. Und mit ihr habe ich als erster Junge aus unserer Klasse öffentlich auf dem Schulhof rumgeknutscht. Aber nach zwei Jahren war diese Liebe verflogen und man knutschte mit der einen oder der anderen rum.

Mit knappen fünfzehn wollte ich mehr und somit habe ich mich dann mit meiner damaligen Flamme nach dem Schwimmbadbesuch noch am See zu einer Ruderboottour verabredet. Klar, man konnte die Ruderboote nicht ausleihen, aber sie lagen da und so ein kleines Schloss sollte mich nicht daran hindern, mit der süßen Maus alleine zu sein. Bevor ich zum Schwimmbad gefahren bin, habe ich das Schloss geöffnet und so gelegt, dass es aussah, als ob es noch verschlossen sei. Nach dem Schwimmbadbesuch kam ich mit Susanne zum Boot und wir sind eingestiegen.

Ich habe uns dann über diesen See gerudert und an der anderen Seite das Boot ins Gebüsch gleiten lassen. Die Ufer des Sees waren fast rundherum mit Weidenbüschen zugewachsen und diese hingen zum Teil bis ins Wasser. Unter so einer Weide habe ich das Ruderboot an einem Ast fest vertäut und mich dann ganz der süßen Susanne gewidmet. Wir haben himmlisch geknutscht. Wenn ich daran denke, steigt mir ihr süßer Geruch noch in die Nase und ich spüre ihre Lippen und ihre Zunge, wie sie mit der meinen spielt. Was ich zu diesem Zeitpunkt noch nicht berücksichtigt hatte, war, dass Susanne keinen Rock, sondern eine Jeans trug. Beim Küssen streichelte ich ihre Haare und über ihren Rücken und unser Geknutsche wurde immer wilder. Ich wurde mutiger und ließ eine meiner Hände auf ihr Bein fallen. Dann strich ich mit meiner Hand langsam an ihrem Bein empor, was ihr auch gefiel, doch als ich den Reißverschluss öffnete, da hat sie mir eine gescheuert, dass ich das Gleichgewicht verlor und außenbords fiel. Ich muss ziemlich verdutzt dreingeschaut haben, denn sie lachte aus vollem Herzen. Nachdem wir beide uns wieder etwas einbekommen hatten, hat sie mir geholfen, wieder an Bord zu kommen. Nun saß ich da, das Wasser lief mir nur so aus den Hosenbeinen und den Turnschuhen. Da meinte Susanne nur: „Ich glaube, nun müssen wir dir die nassen Sachen aber ausziehen." Sie hatte es noch nicht einmal ausgesprochen, da fing sie auch schon an, mir die Klamotten auszuziehen.

Da ich sie in den Arm nahm, um sie zu küssen, waren auch ihre Sachen nass und wir haben diese auch gleich ausgezogen. Wir haben uns gegenseitig gestreichelt und am ganzen Körper geküsst. Wenn wir auch nicht miteinander geschlafen haben, so hatten wir doch einen wunderschönen Nachmittag. Es sollten noch einige davon folgen mit ihr. Doch es war wie verhext. Mehr als Petting und Knutschen war nicht drin. So verbrachten wir die Wochen bis zu den Ferien, und als diese anfingen, stand sie auf einmal weinend vor mir. Ich wusste nicht, was los war, doch ich sollte es gleich erfahren. Und Sie können mir glauben, es tat weh, es tat sogar furchtbar weh. Sie sagte mir, dass sie morgen in der Früh wegfahren würde und dass sie nicht wiederkommen würde. Ihre Eltern hatten ihr am gestrigen Abend erzählt, dass sie nach Süddeutschland ziehen würden und sie nur die Ferien abgewartet hätten, damit sie nicht in der Schule etwas verpassen würde. Für uns beide brach eine Welt zusammen und wir konnten gar nicht mehr aufhören zu weinen. Wir wollten uns nicht trennen und wir wollten schon gar nicht auseinandergerissen werden. Doch es kam, wie es kommen musste, sie zog weg und alle Treueschwüre hielten nur für die nächsten Wochen. Da ich nicht genau wusste, wohin sie gezogen war, und ich in den darauffolgenden Wochen auch keinen Brief von ihr erhalten habe, habe ich wieder angefangen, mich mit Freunden zu verabreden. Ich fing zu diesem Zeitpunkt an in die Disco zu gehen. Die war sage und schreibe acht Kilometer von meinem Elternhaus entfernt und meine Eltern meinten: „Wenn du in die Disco willst, dann musst du mit dem Rad fahren." Also sind wir mit dem Rad gefahren. Tja und da der Weg ja weit war und wir nicht ganz dumm, haben wir immer irgendwie die Zeit verpennt und kamen natürlich zu spät. Unsere Ausrede war dann immer, dass wir kurz vor der Haustür das Ventil vom Rad herausgedreht haben, um mit einem Platten und geschobenem Rad zu Hause anzukommen. Das hat auch geklappt und so verging die Zeit.

In der Hauptschule hatte ich gute Zensuren und somit habe ich versucht, die Realschule dranzuhängen. Doch leider ist es mir nicht geglückt und ich bin durch die mündliche Prüfung gerasselt. Vielleicht hatte ich mit Christoph Kolumbus auch nicht das richtige Thema für mich gefunden. Nun gut, es war wieder seefahrtsbezogen, auch wenn ich es damals noch nicht gesehen habe, aber dieser Faden zieht sich durch mein gesamtes Leben. Mit dem Realschulabschluss hatte ich eigentlich vor, das Berufsgrundjahr in der Elektronik zu absolvieren, um dann in Richtung Fernsehtechnik zu gehen.

Ich habe mich dementsprechend auf der Schule angemeldet, und als ich die Prüfung vergeigt hatte, muss ich gestehen, hatte ich auch keine Lust mehr, diesen Beruf zu erlernen. Das Gute an dieser Schule war, dass ich zur zwanzig Kilometer entfernten Kreisstadt musste und ich somit morgens und nachmittags eine Stunde mit dem Bus fahren musste. Dort ging es schon ganz anders zur Sache und es wurde geknutscht und gefummelt und hin und wieder blieb man auch einfach mal in der Stadt, um dann mit dem letzten Bus des Tages zurückzufahren. Wie es so im Leben ist, findet man in verschiedenen Abschnitten neue Freunde und einer von diesen neuen Freunden erzählte mir, dass er zur See fahren wolle, wenn er die Penne hinter sich hätte. Das war doch mal was. Weg von zu Hause und die Welt kennen lernen. Je länger ich darüber nachdachte, desto mehr fing diese Idee an mir zu gefallen. An einem der nächsten Tage blieb ich länger in unserer Kreisstadt und ging zum Berufsinformationszentrum. Dort sog ich alles in mich auf, was mit der Seefahrt zu tun hatte. Mein Entschluss stand fest, ich wollte zur See fahren. Als es mal wieder zu Hause so weit war, was ich denn nun nach der Schule machen wolle, sagte ich: „Ich werde zur See fahren. Ich will mir die Welt anschauen und ich will Matrose werden." Wie sich vielleicht jeder von Ihnen vorstellen kann, liebe Leser, waren meine Eltern nicht so sehr begeistert von dieser Idee und sie versuchten es mir auszureden. Doch je mehr sie dagegensprachen, desto mehr wollte ich es. Und so kam, was kommen musste. Ich schrieb eine Bewerbung und mein Vater ist mit mir zu einem Reeder in die Kreisstadt gefahren. Dieser hatte zu diesem Zeitpunkt vier Schiffe und sein Büro war im Keller seines Hauses untergebracht. Ich weiß nicht mehr, was er alles wollte, aber ich weiß, er wollte irgendwann mit mir alleine reden und mein Vater sollte draußen warten. Nun gut, um es kurz zu machen, ich bekam die Möglichkeit, meine Ausbildung zum Schiffsmechaniker bei ihm zu machen. Und nun begann das Abenteuer meines Lebens. Und dieses Abenteuer hat bis heute angehalten. Und ich bin immer noch mittendrin im Abenteuer. Doch lassen Sie es mich der Reihe nach erzählen.

Die Reise beginnt

Wie man so ist in jungen Jahren, hatte auch ich 'ne große Klappe vor meinen Freunden. Aber als der Tag der Abreise kam, da wurde ich recht kleinlaut. Ich brauchte bloß sechzig Kilometer zu fahren, um auf meinem ersten Schiff, einem Kümo (Küstenmotorschiff), anzuheuern. Es war gerade einmal neunundsechzig Meter lang. Für mich war es damals riesig. Es war außen gurkengrün, die Kräne/Bäume waren in einem gelb und die Aufbauten weiß gestrichen. Ich ging also an Bord und nachdem ich vom Kapitän begrüßt worden war, habe ich mich von meinem Schwager und meinem Vater verabschiedet. Das war die letzte Verbindung nach Hause. Nun gab es kein Zurück mehr. Ich bekam eine Kammer zugewiesen und ich packte meine Siebensachen aus. Nachdem ich das erledigt hatte, nahm mich der Matrose an die Seite und zeigte mir das Schiff und erklärte mir einige Rettungsmittel. Danach musste ich mit den anderen (wir waren zu dritt an Deck) den Weizen mit der Schaufel trimmen (glatt streichen und den Weizen in den Ecken verteilen). Es war keine wirklich anstrengende Arbeit, doch mir blieb die Luft so langsam weg, da ich eine schwere allergische Reaktion auf Getreide und Heu habe. Doch ich biss mich durch und irgendwann war es dann auch geschafft und wir konnten die Luken schließen. Der Matrose zog die Luken zu, der Leichtmatrose und ich (Moses) gingen mit der Knaggenstange rum. Das heißt, wir haben die Knaggen eingehängt und mit der Stange als Verlängerung wurden die Knaggen in die Verschlussposition gebracht. Bis der Lotse (ein ortskundiger Kapitän, der sich mit den besonderen Gegebenheiten des Reviers auskennt) kam, sollte noch eine Stunde Zeit sein. Also hatten wir noch Zeit, in Ruhe zu Abend zu essen und einen Kaffee zu trinken. Wir waren mit dem Abendessen fertig und hatten noch eine geraucht, da kam auch der Lotse und es hieß: „Klar vorn und achtern." Ich wurde mit dem Matrosen und dem Steuermann zum Vordeck geschickt. Und dann hieß es endlich: „Leg out. Alle Leinen los." Erst jetzt realisierte ich, dass mein Wunsch in Erfüllung gegangen war, und ich freute mich darauf. Wir haben noch das Deck aufgeklart (Leinen verstaut und alle Luken verschlossen) und sind dann zu meinem ersten Feierabend und Auslaufbier gegangen. Ich sollte mich noch oft zu einem solchen Auslaufbier an der Reling am Achterdeck einfinden.

Da wir drei vom Deck uns eine Dusche und Toilette teilen mussten, ging es der Reihe nach. Das war eigentlich nicht immer so, doch dieser Dusch-/Toilettenraum hatte noch eine Besonderheit. Die Toilette stand auf einem Podest, damit das Wasser im Notfall nicht zurücklaufen konnte. Somit hieß die Toilette hier an Bord auch liebevoll „Thron". Diese stand nicht in einer Ecke, nein! Die Toilette stand mitten im Raum an der hinteren Wand. In der Ecke rechts daneben war die Dusche und in der Ecke davor das Waschbecken. Gegenüber waren die Waschmaschine und der Trockner. Die Dusche konnte man mit einem Kunststoffvorhang abtrennen. Ich war als Letzter dran, doch das kümmerte mich nicht wirklich. Nach dem Duschen bin ich in die Koje (ins Bett), und bevor mein Kopf auf dem Kopfkissen aufschlug, war ich eingeschlafen. Ich hatte einen tiefen, traumlosen Schlaf und wurde am Morgen vom Koch geweckt. Dies ist auf solchen Schiffen eine alte ungeschriebene Regel, da der Koch schon früher wach ist und dann eben den Weckdienst übernimmt.

Das Schiff rollte ein wenig und ich ging in den Waschraum, um mich etwas frisch zu machen. Der Leichtmatrose stand unter der Dusche, der Matrose war gerade am Waschbecken fertig und meinte nach einem fröhlichen guten Morgen, wie ich denn geschlafen hätte. Super, tief und fest. Da meinte er: „Na, dann ist ja gut, dann wird aus dir auch noch ein richtiger Seemann." Zum Abschluss meinte er noch, dass wir zugleich die Dusche, die Toilette, das Waschbecken oder auch die Waschmaschine und den Trockner benutzen würden. Also immer rein in die gute Stube. Als ich fertig war, ging ich in die Mannschaftsmesse, um mein erstes Frühstück an Bord einzunehmen. Das hatte was! Die Messe war einfach eingerichtet. An der Wand eine Bank über Eck und davor der Tisch (die Back). Davor noch zwei Stühle. Ich fragte den Matrosen, wo ich denn sitzen könne. Am besten auf dem Arsch und dann hier auf der Bank. Der Stuhl da vorne sei für den Koch, der Leichtmatrose sitze dort und er, er sitze immer hier. Den Stuhl könne er mir nicht empfehlen, da dieser bei etwas mehr Seegang nicht mehr zum Sitzen, sondern zum Rutschen einladen würde. Also nahm ich Platz und der Koch kam rein. „Moin, Moses, na, alles klar? Was willst du denn?" Häääh? Da wurde mir erklärt, dass wir bei unserem Koch jeden Morgen unsere Eier nach Wunsch bekommen würden. Also bestellte ich mir mal zwei Spiegeleier. Ich goss mir Kaffee ein, schmierte mir ‚ne Scheibe Brot und haute erst einmal kräftig rein. So gefiel mir das Leben. Ich saß in einer Runde Gleichgesinnter und man unterhielt sich über die täglichen Schönheiten, die das Leben bereithielt.

Am Anfang hatte ich eine Menge zu lernen. Sei es, wo was auf dem Schiff ist bzw. wie etwas auf dem Schiff genannt wurde. Es war schon ‚ne Menge, was einen Seemann von einer Landratte unterschied. Aber schon nach kurzer Zeit gab es für mich nur noch Backbord und Steuerbord und nicht mehr Links und Rechts. Anders verhielt es sich mit der Back. Denn die Back war einmal der Tisch in der Messe und zum anderen der Ort vorne am Bug des Schiffes, auf dem die Winden, Poller und Ähnliches zu finden waren. Aber auch hier sollte ich mir den Unterschied noch nachhaltig und sehr wirksam einprägen. Doch ich versuche der Reihe nach zu erzählen und da kam noch einiges zuvor. Nach dem Frühstück ging es an Deck und ich lernte die ersten schiffstypischen Arbeiten. Als ich an Deck kam und nirgendwo mehr Land zu sehen war, war es schon ein großartiges Gefühl. Egal wo man hinschaute, nur Wasser, Himmel und irgendwann der Horizont. Dazu kam der Geruch von frischer Seeluft und Sonnenstrahlen wie aus dem Bilderbuch. Dies war und ist auch heute noch der Inbegriff von Freiheit nach meiner Definition.

Der Alte

Ich war nun schon zwei Tage an Bord und King's Lynn im Osten Englands kam näher. Wir sollten am Abend einlaufen und ich war schon sehr gespannt auf meinen ersten Hafen, den ich in meinem Leben anlaufen würde. Die Jungs und auch der Koch hatten mir schon viel über die Pubs, die Mädels und das Bier erzählt.

Doch bevor der Lotse an Bord kam, sagte der Matrose zu mir, dass ich zum Alten gehen solle. Ich schaute ihn irgendwie sehr verständnislos an und fragte nur, wer der Alte sei. Da wurde ich aufgeklärt und ich erfuhr, dass der Kapitän an Bord eines Schiffes als der Alte bezeichnet wurde, egal wie alt dieser sei. Also ging ich auf die Brücke. Meinem ersten Kapitän musste man einfach Respekt zollen. Er war bereits jenseits der siebzig und fuhr immer noch zur See. Später sollte ich noch oft mit ihm zusammen Wache gehen und auf einer dieser Wachen habe ich meinen ganzen Mut zusammengenommen und ihn gefragt, warum er denn immer noch zur See fahre und nicht seine Rente genieße. Und seine Antwort war und ist für mich immer noch ein Statement, das sich bleibend eingeprägt hat. Er meinte, ohne mit einem Muskel zu zucken: „Mein Jung, das ist ganz einfach. Ich bin mein Lebtag zur See gefahren, und wenn ich nun mit meiner Alten zu Hause auf dem Sofa sitze, dann fängt es nach spätestens zwei Monaten an zu zoffen, also fahre ich im Sommer lieber wieder dahin, wo ich hingehöre. Auf die See."

Doch ich war nun zum ersten Gespräch beim Alten auf der Brücke. Ich meldete mich gehorsam und der Alte sagte zu mir: „So, mein Jung, du wirst nun in den ersten Hafen kommen und wir werden dort auch übers Wochenende liegen bleiben. Da du noch nicht so alt bist, habe ich die Pflicht, dir zu sagen, dass du abends um 21 Uhr wieder an Bord zu sein hast. Dazu meldest du dich bei mir um spätestens 21 Uhr." Puuhhh, das war ein starkes Stück, doch er war der Kapitän und sein Wort war Gesetz. Ich sprach noch mit den Jungs darüber und sie bejahten, dass ich besser pünktlich wäre.

Nachdem wir nun in King's Lynn angelegt hatten und alles für das Löschen (Entladen) vorbereitet hatten, kam der Alte zur Coffeetime am Nachmittag in unsere Messe und meinte, dass für heute und den Rest des Wochenendes genug gearbeitet worden sei und wir uns für den Landgang aufhübschen sollten. Das brauchte er nicht zweimal zu sagen. Da kam die Frage vom Alten, wie viel Geld wir noch benötigen würden. Ich sagte: „Ich weiß nicht, was man so braucht." Da sagte der Alte mir, dass 10 Pfund wohl dicke ausreichen würden. „Also gut. Dann kommt nach der Coffeetime mal zu mir und unterschreibt eure Tickets." Schon wieder etwas, was ich nicht kannte. Die Jungs erklärten mir, dass wir alles, was wir bräuchten, auf diese Notizzettel schreiben und das Ganze mit Datum und Unterschrift versehen würden und dann damit zum Alten zu gehen hätten und schon würden wir das bekommen, und zum Monatsende würde es automatisch vom Lohn abgezogen werden. Okay, praktisch. Also schrieb ich mein erstes Ticket und ging zum Alten. Ich bekam zehn englische Pfund, was zum damaligen Zeitpunkt fast fünfzig Mark waren. So viel Kohle hatte ich noch nie in der Tasche gehabt.

Nachdem wir unser Geld entgegengenommen hatten, ging es nach unten und es herrschte großer Andrang in unserem Waschraum. Da ich der Letzte war, der sein Geld bekam, kam ich nach unten und war etwas erstaunt. Denn bis dahin hatte ich es für ein Gerücht gehalten, doch der Matrose stand unter der Dusche und der Leichtmatrose saß daneben auf dem Thron und seilte gerade eine Schokostange ab. Dabei unterhielten sie sich darüber, was für Weiber sie wohl aufgabeln konnten. Als ich vorbeiging, meinte der Leichtmatrose, ich solle meine

Duschsachen holen und mich sputen, denn sie wollten schnellstmöglich los, um noch ein wenig in den Musikläden einkaufen zu gehen. Also holte ich meine Sachen und ging zum Duschen. Der Matrose war gerade fertig und ich konnte mich gleich unter den Strahl stellen. Auch hier lernte ich noch, dass ich mich erst kurz abzuduschen hätte, um nass zu werden, und dann das Wasser abstellen sollte (auf so einem Dampfer hat man Wasser nicht unbegrenzt zur Verfügung), um mich dann einzuseifen. Danach sollte ich mich dann abduschen und fertig. Okay, ich habe es zu Hause zwar auch so gehalten, aber nach der Erklärung war es mir auch verständlich. Nach dem Duschen wurden noch die Zähne geputzt und der gerade sprießende Flaum entfernt. Was sich Rasieren schimpfte.

Und dann ging es endlich los. Ich war so nervös und fand einfach alles toll. Ich ging mit den Jungs in die Stadt, nach der Seeluft der letzten Tage war der Duft der Stadt noch stärker. Der Geruch von Abgasen zusammen mit allen anderen Düften der Stadt stieg mir in die Nase und ich konnte gar nicht genug von diesen Eindrücken sammeln. Wir gingen in die Musikläden und besorgten uns Kleingeld fürs Telefonieren. Ich rief zu Hause an und erzählte meinen Eltern, was ich bis dahin erlebt hatte und dass es mir gut gehe und sie sich keine Sorgen machen sollten. Mein Vater fragte mich dann, was ich nun gar nicht verstehen konnte, wie das Wetter gewesen sei. Ich sagte: „Wir hatten Sonne, blauen Himmel und eine leichte Brise mit leichter See." Er meinte nur: „Das ist gut." Erst viel später sagte er mir, dass er schon von seinem Vater gelernt hatte: Wie das Wetter ist, so ist der Job zu einem. Hat man gutes Wetter, hat man einen guten Job und Spaß daran. Ist es schlecht, dann ist es auch so im Job. Da kann ich nur sagen, ich hatte Traumwetter.

Die Stadt war nicht besonders reizvoll, doch das spielte keine Rolle, es war einfach alles aufregend und neu. Und dann, als die Läden zuhatten, ging es in den ersten Pub. Der Matrose bestellte das erste Bier und ich probierte zum ersten Mal in meinem Leben ein Bitter. Gar nicht mal so übel, aber nicht mit einem guten Beck's zu vergleichen. Irgendwie kamen die Jungs darauf, Billard zu spielen. Ich schaute zu und irgendwann sagte der Matrose: „Hier hast du fünf Pfund, geh mal und hol uns drei Bier." Ich ging zum Tresen und versuchte mit meinem sehr schlechten Englisch, drei Bier zu bestellen. Es hat funktioniert und ich war stolz wie Oskar. Von da an habe ich nach Feierabend in meiner Koje gelegen und Englisch gelernt, da ich in der Schule einfach keine Lust dazu gehabt hatte und meine Zensuren das auch widerspiegelten. Doch diese kleine Motivation hatte mir einen solchen Auftrieb gegeben. Wahnsinn!

Um zwanzig vor neun sagte ich zu den Jungs, dass ich losmüsse, weil der Alte auf mich warten würde. „Jo, alles klar", sagten sie gemeinsam, „besser, du gehst." Also ging ich heim. Heim? Ja, das Schiff war mein neues Zuhause und ich fühlte mich da sehr wohl. Wie auch heute noch. Was nicht heißt, dass ich nicht nach Hause an Land gehen möchte. Aber irgendwie ist das Schiff meine, wie soll man es beschreiben, meine zweite Heimat. Und so ist es eigentlich immer gewesen, wenn ich an Bord war. Um genau zwei Minuten vor neun klopfte ich beim Alten an die Tür und meldete mich an Bord zurück. Er sagte nur: „Mein Jung, du wirst mal ein richtig guter Seemann! Denn alles fängt mit der Pünktlichkeit an. Ich kann mich auf dich verlassen und darum darfst du das nächste Mal auch bis zweiundzwanzig Uhr ausbleiben!" „Danke!"

„Okay, gute Nacht." „Gute Nacht!" Damit schloss ich die Tür und ging zufrieden in meine Koje.

Heute ist dieser Kapitän mein Vorbild. Ich hoffe, dass ich ihm zumindest halbwegs ebenbürtig bin und auch so mit meinen Jungs umzugehen vermag. Doch man nimmt von jedem etwas mit. Überwiegend das Gute, doch auch das Schlechte und man sagt sich immer wieder: „So möchte ich nicht werden." Doch in dieser Nacht schlief ich sehr gut. Ich war zufrieden mit mir und der Welt.

Ungeschriebene Gesetze

Doch bis dahin war es ein langer und dornenreicher Weg. Denn es gibt in der Seefahrt viele Gesetze, die es im normalen Leben nicht gibt und auch nicht geben wird. Doch hier sind sie das Normalste der Welt und sie stehen nirgendwo geschrieben. Doch wer wie ich auf Schiffen aufwächst, der lernt sie alle kennen. Einige davon sanft, einige davon auf die etwas härtere Tour. Es wird einem, der nicht aus der Seefahrt kommt, schon etwas merkwürdig vorkommen, wenn die Seeleute sich unterhalten. Viele halten es für übertrieben, doch es gibt einem da draußen auf der See einen gewissen Halt. Da gibt es als Erstes das Gesetz, dass der Alte immer recht hat. Und sollte er mal nicht recht haben, so hat er doch recht. Nachdem sich eine Situation aufgeklärt hat, ist eigentlich auch ein jeder bereit, darüber zu diskutieren, doch nun stelle man sich mal vor, da gibt es einen Notfall. Braucht noch nicht einmal etwas augenscheinlich Schlimmes zu sein. Der Alte erteilt einen Befehl und so ein Jungspund von der Schule fängt an zu diskutieren, weil er es ja so in der Schule gelernt hat. Da wird dann aus einem kleinen Notfall sehr schnell ein großer Notfall und der wird immer schwieriger zu kontrollieren.

Aber dafür haben wir unsere eigenen Regeln, um dies zu klären. Es gibt häufig viele, die meinen, sie könnten sich irgendwie herausreden, indem sie versuchen, durch geschickte Wortwahl Zeit zu schinden. Da an Bord nun aber einmal klar geregelt ist, dass *alle* Anweisungen, Befehle, oder wie auch immer man es im neuen Führungsstil nennen mag, kurz und knapp sein sollen, gibt es da einfach keine Diskussion. Zudem werden alle Anweisungen wiederholt, somit weiß derjenige, der die Anweisung gegeben hat, dass diese auch verstanden wurde. Dies wird auch jedem Neuling erklärt, doch einige denken, sie wären besser, und halten sich nicht dran. Dafür haben wir an Bord unser eigenes kleines Bestrafungsprogramm. Das beliebteste Bestrafungsprogramm ist der mit dem Magnetkompasskompensierungsschlüssel. Klar sind alle an Bord eingeweiht, und wenn ein Neuer kommt, der schon den Anschein erweckt, dass er lernen muss, auf eigenen Füßen zu stehen, dann freuen sich alle, denn früher oder später erwischt es sie alle.

Aber um zum Neuling und unserem Magnetkompasskompensierungsschlüssel zurückzukommen, dabei handelt es sich um den größten Maulschlüssel, den man an Bord hat. Und der wiegt hier an Bord so um die zehn bis fünfzehn Kilogramm. Gibt es nun einen geeigneten Kandidaten, so wartet man, bis er auf der Brücke ist, und fängt dann an, über den Magnetkompass zu fluchen. Ganz dezent. Und weil dieser Besserwisser ja auch hier seinen Senf dazugeben muss, hat man Ihn gleich am Haken. Wenn er erst einmal zappelt, tut man so, als ob man es ignoriert, fängt aber einige Minuten später wieder von dem Magnetkompass an. Irgendwann sagt man zum Kandidaten: „Geh doch mal zum Chief [Leitender Ingenieur der Maschine] und hole den Magnetkompasskompensierungsschlüssel!" Wenn er dann raus ist, ruft man in der Maschine an und gibt ihnen eine kleine Info, damit auch die sich ein Loch in den Bauch freuen können. Dort unten liegt dieser große Maulschlüssel, meist in leichtem Wachspapier verpackt, schon bereit. Kommt der Kandidat nun im Maschinenkontrollraum an, gibt der Chief erst einmal ein Zenobre auf die Brücke zum Besten. Das da ungefähr lautet: „Sind die da oben wieder zu blöd, richtig zu fahren. Was haben sie diesmal denn am Kompass gemacht? Haben sie da wieder blöd rumgestanden und Kaffee drübergeschüttet? Na egal, komm mal mit, ich gebe dir unseren Kompasskompensierungsschlüssel mit." Der Kandidat folgt dem Chief dann sehr ehrfurchtsvoll. Wenn der Chief dem Kandidaten den Schlüssel aushändigt, sagt er noch einmal eindringlich: „So, pass gut darauf auf. Du darfst damit nirgends anecken und du darfst damit auch nicht im Fahrstuhl fahren, da durch die Reibungen der Seile und Führungsschienen magnetische Veränderungen stattfinden! Verstanden?" Die Antwort ist meist nur ein knappes „Ja!".

Der Kandidat nimmt nun seine schwere Last auf und begibt sich vom Keller (liebevoller Ausdruck für den Maschinenkontrollraum) mit dem Magnetkompasskompensierungsschlüssel auf die Brücke. Dort angekommen, macht derjenige, der den Kandidaten runtergeschickt hat, ein total überfordertes Gesicht und fängt an zu zetern: „Was soll das denn? Hat man beim Chief das Oberstübchen ausgeräumt und vergessen, die Gardinen abzuhängen? Das ist doch der verkehrte! Wir wollen doch nur kompensieren und nicht den Kompass abbauen!" Und etwas freundlicher gestimmt, fügt man hinzu: „Da musst du nochmals runter und den kleinen holen. Sorry, das tut mir echt leid, dass der da unten sich nicht auskennt und du nun nochmals laufen musst!" Der Kandidat trottet dann auch direkt zurück und meist freut er sich, dass er nun unten im Maschinenkontrollraum sagen kann, dass dies der verkehrte Schlüssel ist, und in seiner besserwisserischen Macht sagt er dann zum Chief, dass die oben auf der Brücke doch nur den kleinen zum Kompensieren und nicht den hier zum Abbauen brauchen.

Daraufhin kramt der Chief in seiner Kiste und gibt ihm einen Sechser- oder Siebener-Schlüssel. Bei einigen Gescheiten fällt dann der Groschen, da es beim großen Schlüssel ja strengstens verboten ist, diesen im Fahrstuhl zu transportieren, und man nirgendwo rankommen darf. Und dieser kleine Schlüssel liegt in der Werkzeugkiste mit all dem anderen Werkzeug. Doch einige raffen es nicht und kommen mit stolzer Brust und dem kleinen Schlüssel auf die Brücke. Dort steht dann der Großteil der Brückenbesatzung und bricht in schallendes Gelächter aus. Spätestens da wird es dem Kandidaten bewusst, dass man ihn so richtig auf die Schippe genommen hat.

So gibt es auch noch den Siemenslufthaken. Dies ist dann ein schwerer Kettenzug, den der Kandidat aus der Maschine holt und meistens bis zur Back (Vorschiff) schleppen muss. Es ist nicht wirklich bösartig, aber man zeigt ihnen ihre Grenzen und für alle anderen ist es natürlich ein großer Spaß.

Der schnellste Moses der Welt oder Wie ich lernte, schnell zu sein

Nach dem Wochenende in King's Lynn wurde dann am Montag und Dienstag die Ladung gelöscht und wir liefen am Dienstagabend aus. Die See hatte uns wieder. Auch das war ein Gefühlszustand, den ich noch häufig erleben würde, um nicht zu sagen: ständig. Endlich wieder auf dem Wasser. Es ist schön, in einen Hafen einzulaufen, doch nach einiger Zeit wird es auch wieder Zeit, auf die See zu kommen. Wir waren unterwegs nach Wismar. Damals gehörte Wismar noch zur DDR.

Auf dem Weg dorthin ging es durch den NOK. Der Nord-Ostsee-Kanal oder auch Kaiser-Wilhelm- Kanal verläuft von Brunsbüttel nach Kiel, wenn man von der Nordsee kommt. Auf diesem Kanal durfte ich zum ersten Mal ans Ruder. Ich lernte die Kommandos und dass ich jedes Kommando, das gegeben wurde, auch laut wiederholte. Somit wusste jeder, dass es richtig verstanden wurde und dass man es auch verstanden hatte. Ich genoss die Fahrt durch den NOK. Kurz vor Kiel kam eine hohe Brücke und in deren Nähe war ein Lokal. Es war schön beleuchtet und hatte einen schönen Ausblick auf den Kanal, da es auf der Kuppe eines Hügels lag. Ich habe mir damals geschworen, dass ich dieses Lokal einmal im Urlaub besuchen würde, um dort ein Bier oder Ähnliches zu trinken. Leider habe ich es bis heute noch nicht in die Tat umgesetzt. In der Schleuse Holtenau/Kiel waren alle schnell bei der Sache, denn es hieß, möglichst schnell zum Kiosk, um sich mit Zeitschriften und mit einem Schleuseneis einzudecken. Auch heute ist dies noch so. Wenn ich mal wieder durch die Schleuse komme, renne ich von der Brücke runter, um mir in der Schleuse ein Eis zu kaufen und um dieses zu genießen. Eigentlich lächerlich, da wir genug Eis an Bord haben. Aber es sind einfach diese Rituale, die das Leben auf See so angenehm machen. Von hier aus ging es nun direkt nach Wismar. Wir sind dort am frühen Nachmittag in der Bucht von Wismar und ich finde es faszinierend, im klaren Wasser die vielen Quallen schwimmen zu sehen. Wir nehmen den Lotsen auf und laufen in Wismar ein. Dort vor der Pier angekommen, stellen wir fest, dass keine Leinenleute vor Ort sind. Aber ich als alter Hase kenne mich ja aus. Und als der Alte von der Brücke über Lautsprecher auf die Back ruft: „Moses, spring mal eben an Land und mach fest", tja, da zögerte ich nicht und sprang an Land. Ich sprang über die Reling und setzte gerade zur Landung an. Die Füße wollten gerade den Boden berühren, als neben mir ein metallisches Ritschratsch zu hören ist. Ich drehte meinen Kopf und sah einen Soldaten, der gerade seine Kalaschnikow, oder was auch immer diese Maschinenpistole für ein Fabrikat war, durchgeladen hatte. Bevor ich eigentlich richtig auf dem Boden angekommen war, setzte ich schon zum Sprung zurück an Deck an. Als ich dort angekommen war, rannte ich schnellstens zur Gegensprechanlage und sagte: „Kapitän, dort gehe ich nicht mehr an Land! Der hat seine Flinte durchgeladen." Somit warteten wir auf die Leinenmänner und machten ganz geruhsam fest. Als wir fest waren, kam die Schwarze Gang. Die Schwarze Gang war der Zoll und sie durchsuchten das Schiff von unten bis oben. Wir mussten sogar alle Farbtöpfe aufmachen, egal ob alt oder neu. Wie ich später erfahren habe, hatten sie einige Reisen zuvor einen Matrosen überführt, wie er ein Kilo Marihuana in die DDR reinschmuggeln wollte. Doch uns allen war die Lust auf einen Landgang am Abend vergangen. Mit denen wollten wir uns irgendwie nicht abgeben. Was sich allerdings beim nächsten Anlauf in Wismar grundlegend ändern sollte.

Was ein Fichflet ist und eine Art, seine Religion zu betrachten

Wir haben unsere Ladung in Wismar an Bord genommen und haben diese Ladung nach Hamburg gebracht. Dort löschten wir diese und sind weiter zu meinem Ausgangshafen Oldenburg. Da wir dort übers Wochenende lagen, gab der Alte mir frei, damit ich nach Hause fahren konnte, um meine Familie zu besuchen. Es war nett zu Hause, doch irgendwie sehnte ich mich schon wieder nach dem Schiff. Ich war vom Virus befallen, oder besser gesagt: ich war süchtig. Und das hält bis heute vor und wird sich wohl auch nicht ändern. Wir beluden das Schiff, fuhren zum nächsten Hafen, löschten und verholten, um wieder zu laden. So gingen zwei, drei weitere Wochen ins Land, ohne dass was Großes passierte. Zwischendurch wurde Rost geklopft (das Schiff stellenweise entrostet) und ein neuer Farbaufbau angebracht. Es wurde viel geschrubbt, oder besser gesagt: Reinschiff gemacht. Sprich, es wurde gereinigt, bis auch das letzte Staubkorn entfernt war.

Dann hieß es, wir fahren nach Gunness am Humber. Auch dort sollten wir löschen. Und wie sollte es anders sein, es passte mit dem Wochenende. Mittlerweile hatte ich gelernt, die Lotsenleiter klarzumachen und den Lotsen in Empfang zu nehmen. All das machte mir Spaß und ich liebte es, selbst wenn es mitten in der Nacht war. Auch hier am Humber habe ich den Lotsen übernommen und bin dann auf die Brücke zum Steuern. Wir fuhren den Humber ein ganzes Stück hinauf, um dann etwas oberhalb von Gunness im Fluss zu drehen.

Da wir kein Bugstrahlruder (Buggi) hatten, war das immer ein besonderes Erlebnis. In diesem Fall hatten wir auflaufend Wasser und sind aus diesem Grunde auch weiter den Fluss hinauf gefahren. Zum Drehen hat der Alte den Dampfer einfach mit dem Bug auf den Grund der Böschung gesetzt und dann einfach mit hart Ruderlage gedreht. Als die Drehung über die Hälfte geschafft war, wurde die Maschine auf voll zurückgelegt, und sobald man frei war, hieß es: Maschine voll voraus und Richtung Anleger. Dort konnte man nun ganz bequem entgegen der Strömung anlegen und hatte auch ohne Buggi den Dampfer gut unter Kontrolle. Wir legten also an und erledigten alles, was nötig war.

Dann hieß es aufhübschen für den Landgang und los. Die Stadt war etwa fünfzehn Minuten mit dem Taxi entfernt und wir hatten wie immer einen netten Abend. In der Zwischenzeit hatten die Jungs mir beigebracht, Billard zu spielen, und jedes Mal, wenn ich verlor, musste ich laufen und Bier holen. Ich brauchte allerdings nie zu bezahlen, das hat immer der Matrose übernommen. Um zwanzig Minuten vor zehn habe ich mir dann ein Taxi genommen und mich um kurz vor zehn beim Alten an Bord zurückgemeldet. Auf dem Weg nach unten kam ich noch an der Messe vorbei. Dort saß unser Koch und hatte alle Vorhänge zugezogen, und soweit ich es sehen konnte, brannte seine Lampe schon lichterloh. Oder anders gesagt, er hatte dem Alkohol gut zugesprochen und war schon jenseits von Gut und Böse. Man muss dazu sagen, der Koch war Türke und hieß, ach, nennen wir ihn mal Cemet.

Cemet saß dort nun ganz allein und gönnte sich einen Schluck Bier und dazu 'nen Schluck Wodka. Er lud mich ein und ich gesellte mich zu ihm, um mit ihm noch ein Bier zu trinken, bevor ich ins Bett gehen wollte. Während wir da saßen, fragte ich ihn: „Sag mal, Cemet, ich dachte, du bist Muslim und es ist euch verboten, Alkohol zu trinken?" Seine Antwort war verblüffend. Er meinte nur: „Ha, du sehen, Moses, ich schlau sein! Ich ziehen Vorhang zu und Allah nichts mehr sehen!" Na, dann man Prost! Es hatte eh keinen Zweck mehr, mit ihm zu diskutieren. Doch hier sieht man, was sich Seeleute einfallen lassen, um sich ihrem Ziel zu nähern.

Da ich nun aufgeklärt in der Religion war, ging ich zu Bett. Ich schlief recht gut, bis es gegen zwei Uhr dreißig in der Früh bei mir lautstark klopfte und der besoffene Koch reinkam und mich raushaute. Ich konnte die Augen kaum aufbekommen und er erzählte mir irgendetwas von Würmern. Ich wurde einfach nicht schlau draus. Als ich auf dem Achterdeck ankam, ging mir ein Licht auf. Er war am Angeln und hatte Aale gefangen und nun waren ihm die Würmer ausgegangen und ich sollte auf den Deich gehen und ihm neue suchen. Da er sowieso keine Ruhe geben würde, tat ich ihm den Gefallen und ging ‚ne halbe Stunde später wieder in meine Koje, um weiterzuschlafen. Am nächsten Morgen gab es dann auch kein Frühstück, doch das machte nichts, da wir alle etwas länger schlafen konnten und jeder auch selbst noch ein Spiegelei hinbekam.

Der Rest des Wochenendes verlief ruhig und wir fuhren nachdem wir gelöscht hatten, weiter. Eine Woche später waren wir in Poole. Dort sollten wir Getreide laden. Leider war der Getreidestaub so aggressiv, dass mir im wahrsten Sinne des Wortes die Luft wegblieb. Der Alte schickte mich zum Koch, um ihn zu fragen, was er noch benötige, um dann für ihn den Einkauf zu erledigen. Ich fragte also unseren Koch: „Sag mal, Cemet, was brauchst du denn noch vom Markt oder aus dem Supermarkt? Ich soll für dich einkaufen gehen." „Rotkohl, Gurken, Tomaten und Fichflet!", bekam ich zur Antwort. „Was willst du?" „Rotkohl, Gurken ..."

„Ja, ja", sagte ich, „das habe ich aufgeschrieben, das Letzte, was du gesagt hast!" „Na, Fichflet!" „Was ist das?" Zum Glück kam der Matrose rein und ich fragte ihn, ob er mir sagen könne, was Cemet mit Fichflet meinte. Er konnte sich kaum noch vor Lachen halten, und immer wenn er mich ansah, fing er erneut an zu lachen. Nachdem er sich etwas beruhigt hatte, meinte er: „Cemet meint Fischfilet. Er will einfach nur Fischfilet haben." Also ging ich zum

Alten, er gab mir Geld und ich ging für die nächsten drei Stunden zum Einkaufen.

Es war einfach schön, einfach mal wieder an einer Bäckerei vorbeizugehen und diesen Duft von frisch Gebackenem in die Nase zu bekommen. Wenn man dies lange nicht hatte, dann kommt es einem noch intensiver vor. Zum Glück hatte ich auch noch einige Pfund Geld in der Tasche und somit habe ich mir erst einmal einen netten Pub gesucht und mir dann erst einmal ein Bitter bestellt. Dieses Bier habe ich so richtig genossen und Schluck für Schluck die Kehle runterrinnen lassen. Dabei bemerkte ich nicht, dass ich von zwei Damen beobachtet wurde, die weiter hinten saßen. Erst als ich mein Bier fast aufhatte, bemerkte ich sie und sie fingen an über mich zu lachen.

Ich schaute ganz verdattert an mir herunter, ob irgendetwas sei, doch ich konnte nichts finden. Sie kamen zu mir und meinten, dass nichts sei, aber es sei einfach schön gewesen, mich beim Trinken zu beobachten. Sie hätten selten jemanden so genussvoll sein Bier trinken sehen. Ich war erstaunt, zum einen darüber, dass ich alles verstand, was sie sagten, und zum anderen, dass mich zwei wildfremde Damen, die auch noch um vier, fünf Jahre älter waren als ich, so einfach ansprachen. Und dazu noch sehr gut aussahen. Die eine war circa 1,70 m groß, hatte lange dunkle Haare und braune Augen. Die Haare waren schulterlang und rahmten das süße Puppengesicht passend ein. Die Figur war schon sehr genial, ich würde sagen, dass sie vielleicht 55 kg wog. Die andere war etwa 1,65 cm groß und hatte wie die Erste lange dunkle Haare, allerdings bis zum Busen herabfallend, braune Augen und genau wie ihre Freundin ein wunderschönes Gesicht und eine gute Figur. Was mir auffiel, war, dass beide einen supergeilen Hintern in Apfelform und etwa gleich große Busen hatten. Hätten sie mich gefragt, ich hätte sie auf perfekte 80C geschätzt. Wir unterhielten uns eine Weile, und als sie gehen wollten, fragte ich sie, ob man sich nicht für den Abend verabreden könnte, und ich würde auch noch zwei Freunde mitbringen. Ja, sie würden wieder da sein. Ich erzählte dem Matrosen davon und der Abend war verplant. Wir gingen wieder in diesen Pub und warteten. Die Mädels kamen und es war ein schöner Abend. Zumindest bis kurz vor zehn. Also ging ich wiederstrebend zum Schiff zurück. Immer wenn es schön wird, muss man gehen. Doch schon bald sollte sich einiges ändern.

Der Kapitänswechsel

Nach dem Auslaufen sagte der Alte mir auf der Brücke, dass er in Hamburg von Bord gehen würde und ein anderer Kapitän für ihn kommen würde. Er verriet mir den Namen, mit dem ich nichts anfangen konnte. Später erzählte ich es beim Feierabendbier den Jungs und sie freuten sich wie nichts Gutes. Als wir nun in Hamburg ankamen, war ich nicht so gut gelaunt. Denn ich mochte den Alten. Ich hatte viel bei ihm gelernt und ich kam gut mit ihm zurecht. Nach dem Festmachen kam der neue Alte an Bord und die Übergabe ging voran. Zum Ende kam der Kapitän noch vorbei und verabschiedete sich. Es war das letzte Mal, dass ich ihn sehen würde. Ich habe hin und wieder noch von ihm gehört, ihn aber leider nie wiedergesehen.

Dieses Mal war alles anders. Es gab einen neuen Kapitän und es war auch stressig, da wir gelöscht und dann im nächsten Hafenbecken gleich geladen haben. Nachdem wir nun Hamburg hinter uns und die Elbe Richtung England verlassen hatten, kam der Alte an und hatte 'ne Kiste Bier unterm Arm. Er wollte mit uns seinen Einstand begießen. Also saßen wir in der Messe zusammen und haben eins nach dem anderen getrunken. Die Jungs erzählten ihm, wie weit ich mit der Ausbildung war und dass ich immer um zehn wieder an Bord sein musste. Da meinte er nur: „So, das ändern wir gleich mal. Ab jetzt werde ich ein Auge auf dich haben, und solange ich mit in der Kneipe, Disco etc. bin, kannst auch du dableiben!" Na, das war doch 'ne Aussage. So konnte es ja nur noch besser werden. Es ging dann noch etwas weiter und dann fragte der Alte: „Und, Moses, wie sieht es aus? Bist du bereit, ein richtiger Seemann zu werden?" Meine Antwort war kurz und knapp und kam wie aus der Pistole geschossen. „Ja!" „Also gut, wir werden in der nächsten Zeit sehen, wie du dich machst." Nachdem das Bier vertilgt war, gingen wir auf unsere Kammern und verschwanden auch schnell in den Kojen. Wir fuhren wieder nach Gunness und diesmal sollte alles anders sein.

Das Anlegen und das Vorbereiten des Schiffes war wie immer. Doch dann! Wir saßen beim Abendbrot, da kam der Alte in die Messe und meinte: „Jungs, in dreißig Minuten ist das Taxi da. Avanti, avanti, damit ihr bis dahin auch die Nudel gewaschen habt." Damit war klar, in dreißig Minuten an der Gangway (Landgangssteg) und ab in die Stadt. Zuvor musste ja auch noch Geld besorgt werden. Als ich dies anmerkte, fingen die anderen an zu lachen und ich schaute von einem zum anderen. Der Matrose klärte mich auf und meinte, dass wir ab jetzt direkt in der Kneipe unser Geld bekommen würden. Wenn wir zahlen wollten, würden wir dem Alten einfach ein Ticket in der Kneipe in die Hand geben. Nun gut, also ab ging es zum Aufhübschen. Wir standen alle geschniegelt und gestriegelt an der Gangway, als der Alte dort eintraf. Das Taxi kam an und wir fuhren in den nächsten Pub. Seit dem Wechsel war unser Steuermann (1. Offizier) wie ausgewechselt. Sie waren etwa im gleichen Alter und hatten eigentlich nur Flausen im Kopf. Im Pub angekommen, nahmen wir gleich einen festen Platz am Tresen ein und plötzlich kannten auch alle den Kapitän und unseren Steuermann. Irgendwie hatte ich doch noch ganz leichte Koordinierungsprobleme mit den Namen der doch etwas sehr fülligen Damenwelt. Der Leichtmatrose und ich versuchten uns im Billard gegen die einheimische Oberliga, während die anderen vier sich mit den gut genährten Damen amüsierten.

Um zwei Uhr in der Früh war es dann so weit, dass wir zurück zum Schiff wollten. Diesmal gab es zwei Taxen, da unsere Mannschaft für das Wochenende plötzlich vier Personen mehr aufwies. Es war irgendwie auch selbstverständlich, dass die Damen zu uns gehörten und auch mit am Tisch saßen, wenn wir zusammen unsere Mahlzeiten einnahmen. Das Wochenende verlief so angenehm, dass wir am Montagabend gar nicht so richtig in Stimmung für das Auslaufen waren. Doch irgendwie freuten wir uns auch schon auf Kopenhagen. Nur leider war der Weg dorthin etwas ruppig und die Nordsee zeigte sich von der etwas unangenehmeren Seite.

Ein Seemann ist einfach nicht fürs Laufen geboren

In Kopenhagen waren wir etwas weiter von der Stadt entfernt und mussten gute dreißig Minuten mit dem Taxi fahren, bevor wir in der Stadt waren. Der Alte und der Steuermann hatten keine Lust und die Aufsicht für mich wurde auf unseren Matrosen übertragen. Gegen ein Uhr in der Früh hatten wir kaum noch Geld in der Tasche und es war auch kein Taxi zu bekommen. Alles, was wir nach etwa einer halben Stunde Fußmarsch fanden, waren Blasen an den Füßen und eine offene Tankstelle. Dort haben wir für unser letztes Geld noch Bier eingekauft und sind dann in Richtung Hafen weiter. Als wir eine Pier erreichten, sahen wir das Malheur: Wir mussten noch etwa drei Kilometer am Becken entlang laufen, um dann über eine große Brücke zu gehen, und auf der anderen Seite etwa fünf Kilometer zurück laufen.

Definitiv nichts für einen Seemann. Nachdem wir ein Bier weitergelaufen waren, sah der Matrose eine kleine Jolle an der Pier liegen. Diese Jolle wurde dann sofort vom Matrosen begutachtet und er meinte: „Kommt an Bord, das Ding hat ein Segel und dann ist es nicht mehr weit, bis wir an Bord sind." Während der Leichtmatrose und ich an Bord gingen, hat der Matrose das Vorsegel und das Großsegel angeschlagen, das er in einer kleinen Ducht fand. Nachdem wir die Jolle etwas ausgeglichen mit drei Mann beladen hatten, sollte es losgehen. Mir war irgendwie gar nicht wohl bei der Geschichte. Ein ausgeliehenes Boot in einem ausländischen Hafen, ohne Licht, mitten in der Nacht und das Mitte November. Unser Freibord betrug weniger als fünf Zentimeter, doch laufen wollte auch keiner. Also Leinen los und Augen zu. Zum Glück herrschte um diese Jahreszeit wenig Betrieb in diesem Hafen und wir kamen sogar in die richtige Richtung voran. Nach einer guten halben Stunde des Nervenkitzels konnten wir vor unserem Bug festmachen.

An Land angekommen, beratschlagten wir, was wir machen konnten. Schließlich konnten wir die Jolle hier nicht so liegen lassen. Der Matrose hatte auch hier eine gute Idee. Er stellte den Kran an und wir hievten die Jolle an Deck. Dann wurde die Jolle von uns ins Kabelgatt (großer Raum unter der Back, wo Leinen und Laschmaterial eingelagert werden) gebracht und dort gut verzurrt. Nun war es mittlerweile nach drei Uhr in der Früh und um sieben Uhr dreißig sollte Ladebeginn sein. Das wurde mal wieder eine kurze Nacht.

Es war nicht gerade einfach, die Augen während des Tages aufzuhalten, doch wir schafften es immer wieder, uns gegenseitig zu motivieren, und irgendwann ist auch der längste Tag einmal zu Ende. Am nächsten Morgen saßen wir in der Messe und der Alte erschien. „Sagt mal, Jungs, seit wann haben wir denn da vorne so ein Boot im Kabelgatt? Das kenne ich ja noch gar nicht." Der Matrose war abgebrüht genug und meinte nur nebenbei, als er sich seine Bratwurst hinter die Kiemen haute: „Och, Kaptain, meinen Sie unser neues Malboot?" Der Alte schaute von einem zum anderen und drehte sich um und ging. Während er durch die Tür ging, schüttelte er noch ungläubig den Kopf, aber damit war das Thema ausgestanden.

Nach einer kurzen Überfahrt ging es diesmal an einem Tag mit dem Löschen voran und am Abend waren wir schon wieder auf See Richtung Frederikshavn. Zum Glück war das Wochenende in Sicht und wir haben es mal wieder irgendwie geschafft, genauso anzukommen, dass es zu spät war, um noch mit der Ladungsübernahme zu beginnen. Somit wurde das auf den nächsten Tag um acht Uhr verschoben. Es sollte dann jedoch erst am Montag fertig abgeladen sein. Also alle wieder aufhübschen und ab an Land. Zuerst gingen wir in ein Restaurant, um einmal schön zu essen, und dann ging es in die Disco. Dort waren wir noch keine halbe Stunde, da hatten wir schon den ersten Kontakt zum anderen Geschlecht aufgebaut. Keine weitere Stunde später saß ich mit einem Mädel in einer dunklen Ecke am Knutschen, als wenn es kein Morgen mehr geben würde. Es dauerte auch gar nicht lange, da ging meine Hand wie von selbst auf Wanderschaft und erkundete die dänische Hügellandschaft. Agnetha, so hieß die süße langhaarige Blonde mit blauen Augen, hatte auch keine Hemmungen, mir den Hosenstall zu öffnen und mit der Hand in meiner Hose zu verschwinden, um sich mit Nachdruck um meinen immer steifer werdenden Freund zu kümmern. Sie drückte und zog dermaßen an meinem Schwanz, dass ich den Verdacht hegte, sie wolle mir meinen Schwanz abreißen, um sich die Anschaffungskosten für einen neuen Dildo zu sparen. Nachdem wir uns noch zehn Minuten weiter eingeheizt hatten, schlug sie vor, dass wir zu ihr fahren sollten. Ich ging kurz beim Alten vorbei und fragte ihn nach Geld und er gab mir für umgerechnet 200 Mark dänische Kronen mit.

Wir nahmen uns ein Taxi und fuhren zu Agnetha. Die Wohnungstüre war kaum ins Schloss gefallen, da hatten wir die Klamotten schon ausgezogen und ich schob meinen Steifen zwischen ihre warmen, weichen Schamlippen. Ich genoss es, wie ich so in sie eindrang, doch musste ich verdammt aufpassen, dass ich nicht gleich abspritzte. Erst jetzt wurde mir klar, wie lange ich schon kein Mädchen mehr gehabt hatte und was ich bisher vermisst hatte. Es dauerte leider auch gar nicht so lange und es spie nur so aus mir heraus. Zum Glück habe ich keine Probleme damit, meinen Schwanz steif zu halten, und so ging es für mich gleich in die zweite Runde. Dazu legte ich mich auf den Rücken und sie saß rittlings auf mir. Diesmal ließ sie es nur ganz langsam zu, dass ich tiefer in sie kam. Es waren schon fast Tantalusqualen, die ich in diesem Moment erlitt. Ich hatte so lange keine Frau mehr gehabt und dann diese feuchte, warme und zuckersüße Möse. Ich konnte nur noch die Augen schließen und es Zentimeter für Zentimeter genießen, wie sie langsam über mich glitt und mich in sich aufnahm. Als sie mich ganz aufgenommen hatte, nahm sie meine Eier in die Hand und drückte etwas zu kräftig für meinen Geschmack zu. Der Abend wurde lang, die Nacht kurz und mein Druckhaushalt wurde bis gänzlich null gefahren. Nachdem wir uns viermal geliebt hatten, kuschelte sie sich in meinen Arm und schnurrte leise. Es dauerte nicht lange und sie schlief tief und fest. Als ich nun so dalag und diese süße blonde Frau in meinem Arm hatte, da wurde mir bewusst, dass ich zum ersten Mal eine nicht deutschstämmige Frau gevögelt hatte. Schade, dass ich keinen Whiskey oder Ähnliches zur Verfügung hatte, um auf dieses Ereignis anzustoßen. Nach etwa einer Stunde stand ich auf, zog mich an und legte ihr noch einen Zettel hin mit der Information, wo sie mich finden könne, da ich am Morgen ja arbeiten musste. Unterwegs gabelte ich mir ein Taxi auf und fuhr die fünf Kilometer zum Schiff zurück. Ein Erlebnis, das noch nicht lange zurücklag, und die Tatsache, dass ich mich die letzten Stunden mit Matratzensport verausgabt hatte, erlaubten gar keinen anderen Entschluss. Und ich muss ehrlich gestehen, seit diesem Erlebnis fahre ich fast immer mit dem Taxi.

Am nächsten Morgen grinsten mich alle an Bord an, doch keiner sagte etwas. Fast keiner! Der Alte kam in die Messe und ... „Moses! Und hast dir das Gehirn rausgevögelt? Siehst echt mitgenommen aus. Aber wer saufen und bumsen kann, der kann auch arbeiten." Das war für uns das Stichwort und wir gingen nach draußen, um die Arbeiten auszuführen, die auf dem Programm für unseren heutigen Tag standen.

Ein Moses wird zum Seemann und vollen Besatzungsmitglied

Leider hat sich Agnetha an diesem Wochenende nicht mehr gemeldet. Erst vier Monate später hat sie bei meinen Eltern angerufen, doch da war ich auf der Schule und meine Eltern sprechen so gut wie gar kein Wort Englisch. Somit weiß ich bis heute nicht, was sie wollte. Ich konnte sie leider nicht zurückrufen, da ich von ihr keine Adresse, Telefonnummer oder Sonstiges hatte. Doch für einen Seemann ist es auch nicht so gut zurückzuschauen. Denn dann konzentriert er sich nicht auf seine Arbeit und es passieren Unfälle.

Anfang Dezember nun waren wir in Südengland in der Stadt Plymouth. Wir waren am späten Freitagnachmittag eingelaufen und es hieß, dass unsere Ladung erst am Montag eintreffen würde. Das war der Beginn eines schönen langen Wochenendes. Nach dem Abendessen hat sich jeder in aller Ruhe landfein gemacht und um neunzehn Uhr standen die Taxis für uns an der Pier bereit. Wir fuhren in ein Pub und tranken zwei Bier, spielten etwas Billard und befanden, dass im Pub nichts los war und wir die Lokalität wechseln sollten. Wir gingen auf die Straße und schauten uns um. Der Steuermann hielt die Nase in die Luft und sagte: „Dort lang, dort gibt es Weiber!" Also gingen wir in die angegebene Richtung und nach weniger als fünf Minuten standen wir vor dem nächsten Pub. Als wir die Tür öffneten, schlug uns ein Lärm und Getöse entgegen, dass man dachte, dort passt keiner mehr rein. Doch es ging noch und wir traten ein. Wir erfuhren, dass dieser Pub nicht wie die anderen um dreiundzwanzig Uhr schließt, sondern dann um dreiundzwanzig Uhr nach hinten die Türen aufmacht und es ab dann eine Disco sei. Na, uns war es egal, Hauptsache, wir konnten bleiben, es war was los und die Aussicht auf das andere Geschlecht war gegeben.

Wir bestellten uns eine Runde Bitter und suchten uns einen Platz, an dem man zumindest etwas in Ruhe sein Bier trinken konnte. Zwei weitere Biere, und die Disco wurde eröffnet. Da meinte der Kapitän in die Runde: „Moses, welche Frau hier gefällt dir? Sag mir, welche, und sie wird dir heute Nacht gehören!" Ich schaute ihn an und meinte: „Okay, ich gehe mal rum und schaue mir die Frauen an und dann sag ich Bescheid!" „Gut, mach das, wir trinken derweil noch ein Bier."

Ich ging durch die Reihen und schaute mich gewissenhaft um. Und was soll ich sagen, ich fand eine, die mir sehr gefiel. Ich ging zurück zum Alten und sagte ihm, für welche ich mich entschieden hatte. Etwa eineinhalb bis zwei Stunden später hieß es, wir gehen an Bord zurück und machen dort eine kleine Privatparty. Im Schlepptau hatten wir acht Frauen und darunter auch die Frau, die ich mir ausgesucht hatte. Ich fing mit ihr ein Gespräch an und Sherly gefiel mir immer besser. Sherly war etwa 1,60 m groß, hatte schulterlange, leicht gelockte blonde Haare. Sie war schlank, hatte braune Augen und trug ein cremefarbenes, in Richtung goldenes Kleid. Vielleicht lag es auch am Bier, das ich schon getrunken hatte. Doch wir unterhielten uns die ganze Zeit. An Bord angekommen, machten wir es uns alle in der Messe gemütlich.

Es war zwar eng, aber das hatte den Vorteil, man war auf Tuchfühlung. Die Runden an Bier und Schnaps gingen ins Unzählbare. Irgendwie schaffte ich es, mich etwas zurückzuhalten, denn ich hatte die böse Vorahnung, dass noch etwas passieren würde. Jedoch hätte ich es wohl nicht mehr geschafft, auf einem geraden Strich entlangzulaufen. Als wir alle in guter Laune waren, verkündete der Alte, man möge ihm die Deutschlandflagge holen und auf der Back ausbreiten. Der Matrose sprang auf und kam nach erstaunlich kurzer Zeit wieder. Die Flagge wurde vor uns auf der Back ausgebreitet und dann musste ich nach vorne ans Kopfende kommen. Dann sagte der Kapitän in einer fast förmlichen Ansprache: „Wir sind hier nun zusammengekommen, um unseren Moses komplett in die Mannschaft und in die Riege der Seeleute aufzunehmen. Da er, wie wir wissen, auf Sherly steht, darf ich auch Sherly nach vorne bitten. Sherly, ziehe dir bitte das Höschen aus!" Ich war erstaunt, dass sie es ohne ein Widerwort tat. Dann sagte der Kapitän weiter: „Sherly, schiebe deinen Rock hoch und setze dich auf die Kante der Back. Und du, Moses, du lässt nun auch die Hosen runter." Auch ich tat, ohne etwas zu sagen, wie mir gesagt wurde. Ich konnte einfach nichts sagen. Ich war irgendwie gefangen von der Szenerie. Als ich die Hose runterließ, sagte der Alte: „Sherly, nimm seinen Schwanz und blase ihn schön steif!"

Unter den Anfeuerungsrufen von den anderen, egal ob Männlein oder Weiblein, nahm Sherly meinen Schwanz in den Mund und ich muss gestehen, schon nach kurzer Zeit hatte sie ihn schön steif. Da meinte der Alte: „Okay, Sherly, leg dich auf die Back und die Füße legst du beim Moses auf die Schulter. Und du, Moses, du schiebst ihr deinen Steifen nun zwischen die Pissbacken und vögelst sie." Wir taten wie gesagt. Nie werde ich diesen Augenblick vergessen, als meine Schwanzspitze zwischen ihre Schamlippen glitt, mein Schwanz sich langsam in ihre feuchte, warme Grotte bohrte und Sherly ihre Unterschenkel um meinen Hals legte. Langsam, aber sicher bewegte ich mich in sie, doch schon nach kurzer Zeit steigerte ich mein Tempo und einem erlösenden Orgasmus stand nichts mehr im Wege. Nachdem wir diesen Showfick beendet hatten, gingen wir unter lautem Applaus auf meine Kammer, auf der wir bis auf die Mahlzeiten auch das ganze Wochenende blieben. Was ich nicht mitbekam, da ich viel zu sehr mit dem Vögeln dieser wunderbaren Frau beschäftigt war, war, dass meine lieben Kollegen ein oder auch mehrere Fotos von diesem Showfick machten. Eins dieser Fotos sollte mir bei der Reederei in Deutschland und auch zwanzig Jahre danach noch wieder in Erinnerung gerufen werden. Doch nach diesem Wochenende war ich nun endgültig im

Club der Seeleute aufgenommen und die Abenteuer sollten nicht lange auf sich warten lassen. Leider weiß ich bis zum heutigen Tag nicht, wie der Kapitän es hinbekommen hat, dass Sherly mitgekommen ist und sich vor versammelter Mannschaft hat ficken lassen.

Wie man eine Kneipe auch anders als durch eine Tür verlassen kann

In Südengland haben wir Schrott geladen, um diesen nach Polen zu bringen. In Gedansk ging es wie immer am Abend auf Landgang. Diesmal hatten wir unseren Koch dabei. Er wollte noch einmal mit uns zusammen auf Landgang gehen, denn im nächsten deutschen Hafen sollten er und unser Matrose von Bord gehen.

Es war bitterkalt und zum Glück dauerte es nicht lang, bis wir eine Kneipe fanden, die uns auch noch zusagte. Wir tranken ein, zwei Bier und genossen den Abend. Nur unser Koch musste immer noch einen Wodka dazu haben. Zudem kippte er in der Zeit, in der wir die zwei Biere tranken, fünf. Wir hatten gerade unsere nächste Runde bestellt, als es in der einen Ecke der Kneipe etwas lauter wurde und wir eine uns bekannte Stimme keifen hörten. Unser Koch hatte sein Level erreicht und war auf Stress aus. Wir gingen gleich dazwischen und konnten zum Glück noch einmal schlichten. Der Koch setzte sich wieder an die Bar und trank noch einen. Wir Jungs kümmerten uns erneut um die gerade erst geknüpften Bekanntschaften und waren guter Dinge.

Wir hatten vier junge Damen kennen gelernt und ich habe mich ein wenig um Maria gekümmert. Das Gespräch lief sehr gut, da Maria ein wenig Deutsch und auch ein wenig Englisch sprach. Wir unterhielten uns über alles Unwesentliche und kamen uns nach und nach immer näher. Auch die beiden anderen von Deck schienen sich gut zu unterhalten. Der Matrose hatte sich in die Mitte von zwei Damen gesetzt und tätschelte bereits von beiden Damen die Knie. Selbst unser Koch saß friedlich an der Bar, trank sein Bier und unterhielt sich mit zwei Arbeitern, die aussahen, als wenn sie im Hafen arbeiten würden.

Die Zeit verstrich und ich war immerhin schon dazu übergegangen, Maria zu küssen. Maria muss man sich wie folgt vorstellen, etwa 1,57 m groß, lange blonde Haare, bis zur Mitte der Schulterblätter fallend, blaue Augen, eine sehr gute Figur und sexy Beine. Erst langsam und vorsichtig, doch mittlerweile waren wir zu recht lang anhaltenden Zungenküssen übergegangen. In den Momenten, in denen wir nicht am Knutschen waren, versuchten wir uns zu verständigen, wo wir den Abend beenden wollten. Sie meinte, bei ihr werde es nicht gehen, da ihre Eltern und ihre Geschwister auch daheim seien und es dann eventuell Ärger geben könnte.

Also schlug ich ihr vor, dass wir zu mir an Bord gehen sollten oder vielleicht in ein Hotel. Hotel wollte sie auch nicht, leider habe ich nicht ganz verstanden, warum nicht, aber es klang, als ob man dort alle Gäste beobachten würde. Na, und das wollten wir ja nicht, das hatte ich gerade erst hinter mir. Zu mir an Bord ging auch nicht, da sie ohne Passierschein nicht auf das Hafengelände kommen, geschweige denn herunterkommen würde. Also versuchten wir uns etwas auszudenken, wie wir doch noch zu unserem gemeinsamen Ziel kämen. Leider haben wir die Rechnung ohne unseren Koch gemacht. Gerade hatte Maria die zündende Idee. Ihre Eltern hatten ein kleines Gartenhaus vor der Stadt, in dem sogar ein Kohleofen stand. Sie wisse, wo der Ersatzschlüssel im Garten versteckt liege, und ein einfaches Bett sei auch dort. Gerade war ich dabei, mich von den Jungs zu verabschieden, als unser Koch wieder zu krakeelen anfing.

Ich kam nicht einmal mehr zur Bar, um zu zahlen, da hörte ich den Koch nur noch schreien: „Ich dir gleich was aufs Maul hauen!" Als ich zum Koch rübersah, da wusste ich nicht mehr, was ich denken sollte. Der kleine Zwerg, gerade 'ne Handbreit größer als ein ausgewachsenes Hausschwein, stand vor einem Klotz von etwa zwei Metern. Dieser hatte zudem noch Schultern und Pranken wie ein kanadischer Holzfäller und griente von einem Ohr zum andern. An den genauen Wortlaut kann ich mich nicht mehr erinnern, doch es war uns nicht möglich zu schlichten und so kam es, wie es kommen musste. Unser Koch stürmte auf den Riesen los und versuchte ihn mit seiner Faust im Delirium zu treffen. Pech für unseren Koch, dass es nur beim Versuch blieb. Dafür kassierte er eine Abreibe, die sich sehen lassen konnte. Er hat mächtig Prügel eingesteckt und nichts ausgeteilt. Da er sich auch ohne Prügel kaum auf den Beinen halten konnte, hatte der Riese leichtes Spiel, ihn vorzuführen. Wir versuchten dazwischenzugehen, doch wir wurden von anderen abgehalten und wurden im Handgemenge nicht gerade zaghaft behandelt. Ich bekam zum Glück nur eine Faust an der Seite des Kinns verpasst und konnte meinem Gegenüber einen auf seinen Solarplexus verpassen. Dieser hatte alle Mühe, nach Luft zu ringen. Als ich mich halbwegs orientiert hatte, sah ich gerade, wie sie dem Koch die Geldbörse aus der Hose herausnahmen, sich das Geld aus der Geldbörse rausnahmen und ihm die Geldbörse wieder einsteckten. Dann nahm der Riese unseren Koch auf den Arm und warf ihn mit dem Kopf voran durch die Fensterscheibe auf die Straße. Wir anderen folgten im Handumdrehen. Irgendwie hatte ich noch den Anstand in mir und ging in die Kneipe zurück, um dem Wirt unsere Rechnung zu bezahlen. Das sorgte bei den Einheimischen für großes Gelächter und sie meinten, das hätte der Koch schon übernommen. Dafür luden sie mich auf ein Bier ein und die Sache war wieder vergessen.

Nach einer halben Stunde habe ich mich Hand in Hand mit Maria aus der Kneipe verabschiedet und man wünschte uns eine wunderbare Nacht. Maria organisierte ein Taxi, das uns vor die Stadt brachte. An einer kleinen Schrebergartenkolonie hielt das Taxi an, wir zahlten und stiegen aus. Maria nahm meine Hand und führte mich zur Laube ihrer Eltern. Nachdem wir geöffnet hatten, machten wir den Karbidbrenner an und kümmerten uns darum, dass der Ofen brannte.

Als dieser brannte und genug Feuerholz hatte, verfielen wir in eine enge Umarmung und küssten uns leidenschaftlich. Wie automatisch ging meine Hand auf Wanderschaft. Zuerst über ihren Rücken zum absolut süßen Arsch, um dann über ihre Schenkel zum Reißverschluss zu gelangen. Langsam öffnete ich ihr den Reißverschluss, den Knopf und den Gürtel und auch sie war dabei, mir meine Hose zu öffnen. Wir entkleideten uns gegenseitig, ohne ein Wort zu sprechen. Nachdem das letzte Kleidungsstück gefallen war, nahm ich Maria auf die Arme und trug sie zum Bett. Dort legte ich sie ab und meine Lippen folgten dem Beispiel meiner Hand und gingen auf Wanderschaft. Ich küsste ihren Hals, ihre Schulter und ging langsam mit tausenden von Küssen zu ihrer Brust. Ihre Nippel waren schon aufgerichtet, doch als ich sie zwischen meine Lippen nahm und leicht daran saugte, wurden sie härter und noch größer.

Maria entfuhr ein leichter Seufzer und man merkte förmlich, wie sehr sie die Berührungen meiner Lippen genoss. Nach einer Weile gingen meine Lippen tiefer und tiefer. Ich fand ihren Bauchnabel und verblieb dort einige Zeit, um sie mit meiner Zunge zu necken. Danach ging es langsam tiefer. Schon bald kam ich an die Grenze zu ihrem Schamhaar. Von da an suchte sich meine Zungenspitze ihren Weg zum Beginn der Schamlippen. Dort angekommen, leckte ich einige Male kurz über ihre Knospe, um dann mit der Zungenspitze ihre Schamlippen zu teilen. Ich folgte der gesamten Spalte mit der Zunge und als ich am Ende angekommen war, führte ich meine Zunge wieder hinauf.

Marias Atem ging schneller und ich fing an mit meiner Zunge in einem schnelleren Rhythmus ihre süße, feuchte Spalte zu verwöhnen. Sie schmeckte so unendlich gut, dass ich mich nicht so richtig entscheiden konnte, ob ich sie weiter lecken wollte oder ob ich ihr meinen steifen Schwanz einführen sollte. Doch nach einer Weile konnte ich nicht mehr anders. Ich war so geil auf diese Frau, ich kniete mich zwischen Marias Schenkel, nahm meinen Schwanz in die Hand und führte die Spitze zwischen ihre Schamlippen. Es sah so fantastisch aus, als mein Schwanz ihre Schamlippen spaltete und langsam in der warmen, feuchten Liebesgrotte verschwand.

Es dauerte nicht lange und wir kamen zusammen in einem riesigen Orgasmus. Wir blieben ineinander verschmolzen liegen und küssten einander, als wenn es kein nächstes Mal mehr geben sollte. In dieser Nacht schliefen wir noch dreimal miteinander und dann kam das böse Erwachen. Am Morgen, als wir zusammen im Taxi Richtung Hafen unterwegs waren, eröffnete Maria mir, dass sie am nächsten Wochenende heiraten würde und ich der erste andere und auch der letzte andere Mann, außer ihrem Zukünftigen, in ihrem Leben sei. Genau zu diesem Zeitpunkt hielt der Wagen und Maria stieg mit einem tränenüberströmten Gesicht aus. Als die Tür ins Schloss fiel, fuhr das Taxi auch schon an. Ich drehte mich um und wollte die Tür aufreißen, doch Maria rannte schon davon. In diesem Moment hätte ich sie sofort geheiratet und wäre mit ihr hingegangen, wohin auch immer sie hätte hingehen wollen.

Ich kam mit einem recht trübseligen Gesicht an Bord an und der Erste, dem ich begegnete, war der Koch. Der dann mit seinem verschwollenen Gesicht meinte: „Na, Moses, du gut ficken, während ich haben Haue gehabt?" Ich schaute ihn nur noch an und meinte: „Verpiss dich, du türkischer Zwerg, oder ich hau dir was aufs Maul, dass du die nächsten sechs Wochen aus der Schnabeltasse fressen kannst!" Der Koch zuckte zusammen und zog sich mit eingezogenen Schultern zurück.

Ich war noch oft in Gedansk und habe jedes Mal nach Maria Ausschau gehalten. Einmal habe ich sogar ihre Eltern am Gartenhaus getroffen und mich nach Maria erkundigt. Sie erzählten, sie hätte mittlerweile zwei Kinder und wohne im Süden bei der Familie ihres Mannes. Sie erkundigten sich, ob sie ihr etwas von mir ausrichten sollten. Ich meinte daraufhin nur: „Nein, lieber nicht, aber es freut mich, dass es ihr so gut geht." Als ich mich umdrehte, meinte ihre Mutter nur: „Hein? Der Seemann?!"

Mit einem Kopfnicken verabschiedete ich mich, aber vergessen konnte ich Maria bis zum heutigen Tag nicht.

Ein neuer Koch und ein neuer Schiffsmechaniker

Als wir nun in Bremen ankamen, stand der nächste Crew-Wechsel bevor. Unser türkischer Koch ging und ein Koch mit runder Form aus Deutschland kam an Bord. Zudem ging unser Matrose und ein neuer Matrose namens Jens kam an Bord. Als der Tag gelaufen war und ich mit dem Leichtmatrosen an der Achterreling stand, genossen wir das Feierabendbier. Wir sprachen gerade darüber, wie schön es doch wäre, wenn man nur eine Währung hätte und nicht ständig Geld wechseln müsste, sondern immer und überall Kleingeld hätte. Einige Jahre später sollte es so kommen, doch zu diesem Zeitpunkt wussten wir es noch nicht. Pünktlich zum Abendessen kamen die Neuen an Bord und wir machten uns bekannt. Nach dem Essen ging der alte Matrose mit dem neuen Matrosen rum und erzählte und zeigte ihm alles. Der Leichtmatrose und ich gingen an Land, um uns ein frisch gezapftes Beck's zu genehmigen. Auf dem Weg unterhielten wir uns über unseren neuen Kollegen und wir waren beide der Meinung, dass es noch interessant werden könne und der wohl eher ein Theoretiker sei, als dass er mit den Händen anpacken kann.

Eine Woche später hatte sich unser Verdacht bestätigt und der Zusammenhalt war auch nicht mehr so wie zuvor. Der Matrose ging nur sehr selten an Land und für Frauen hatte er anscheinend nichts übrig. Er hatte an allem nur herumzumeckern, konnte es aber auch nicht besser machen. Etwa eine Woche vor Weihnachten saß ich am Morgen an der Back und trank meinen Kaffee. Da meinte Jens zu mir, ich solle beim Schlucken nicht solche Geräusche machen und ob ich keine Kinderstube genossen hätte. Ich schaute ihn nur fragend an und er wiederholte sich. Bei der Coffeetime saß ich mit dem Leichtmatrosen wieder alleine und ich fragte ihn, was für Geräusche ich beim Schlucken machen würde. Er schaute mich genauso fragend an und ich erklärte ihm die Situation vom Morgen. Da meinte er: „Wenn er wieder so ankommt, hau ihm was auf die Zwölf und es ist Ruhe."

Nun ja, was soll ich sagen? Am Abend saßen wir zusammen beim Abendbrot. Da ich keinen Appetit hatte, habe ich nur einen Kaffee getrunken und der Matrose fing wieder an. Ich gab ihm zur Antwort, er könne ja rausgehen oder die Klappe halten, ansonsten würde er erst einmal 'nen Fernfahrerkaffee trinken, und wenn ihm das nicht reichen würde, könnte er auch noch was aufs Maul bekommen. Wir starrten uns nur über den Tisch hinweg an, doch es kam keine Antwort. Der Matrose aß weiter und ich trank meinen Kaffee. Da meinte der Matrose: „Ich habe dir doch gesagt, dass du nicht solche Geräusche beim Kaffeetrinken machen sol..." Weiter kam er nicht, denn da hatte er meinen Kaffee aus zwei Metern Entfernung im Gesicht hängen und versuchte zu schlucken. Mit Tränen in den Augen stand er auf und rannte auf seine Kammer. Er wurde an diesem Abend auch nicht mehr gesehen. Der Koch kam rein und meckerte rum. Ich machte sauber, schließlich war es mein Kaffee, der dort verteilt in der Messe war. Der Koch sprach zwei Tage nicht mehr mit mir und der Matrose ging mir aus dem Weg, wo immer er nur konnte. Als der Koch wieder mit mir sprach, wurde der Zusammenhalt etwas besser, doch unser Matrose hielt sich nach wie vor von allem fern und ging auch nicht mit an Land. Kurz vor Weihnachten hat dann auch der Koch aufgegeben.

Nun rückten die Feiertage näher und wir schafften es gerade noch, pünktlich nach Goole in England zu kommen, um dort über die Feiertage zu liegen. Der Koch fragte den Matrosen, ob er ihm etwas bei der Vorbereitung helfen könne, und der freute sich, da er dann nicht mit bei den Ladearbeiten anpacken musste. Also waren wir zu zweit an Deck und machten alles für Weihnachten fertig. Nachdem wir alle Lichterketten aufgehängt hatten, gingen wir in die Messe, um einen Kaffee zu trinken und um uns aufzuwärmen. Wir schauten wie üblich kurz in der Kombüse vorbei, um dem Koch Hallo zu sagen, doch was wir da sahen, das wollten wir nicht glauben.

Der Koch hatte dem Matrosen einen Stuhl vor den Backofen gestellt und der Matrose hatte sich daraufgesetzt. In der einen Hand hatte er ein großes Messer und in der anderen eine große Gabel (mit der man normalerweise einen Braten wendet). Wir saßen nun beim Kaffee und fragten uns, was das soll. Auf jeden Fall war der Matrose voll konzentriert und starrte in den Ofen. Da kam endlich der Koch vorbei und wir fragten ihn, was das in der Kombüse zu bedeuten hätte.

Der Koch konnte sich das Lachen kaum verkneifen, das Brüllen hat er sich aber verbissen, da er diesen Anblick anscheinend noch länger genießen wollte. Er sagte uns, er habe dem Matrosen gesagt, dass der Truthahn sehr kräftig sei und er Wache schieben müsse, damit der Truthahn nicht aus dem Ofen flüchten könne. Wir schüttelten den Kopf und gingen hinaus, um weiterzuarbeiten. Doch alle fünf Minuten ging einer von uns am Bulleye (Fenster) der Kombüse vorbei, um zu checken, ob der Matrose immer noch vor dem Ofen sitzen würde. Und als wir drei Stunden später fertig waren und zur Dusche gingen, da saß der Matrose noch immer Wache. Nachdem wir uns fürs Weihnachtsessen herausgeputzt hatten, gingen wir in die Messe und warteten auf den Alten.

Der kam durch die Messe und sah den Matrosen und fragte in die Runde, was das zu bedeuten hätte. Der Koch brüllte los und ihm liefen die Tränen über die Wangen. Auch wir konnten uns das Lachen nicht mehr verkneifen, und nachdem wir den Alten und unseren Steuermann aufgeklärt hatten, fing unser Festschmaus an. Ich kann nicht sagen, ob der Matrose bis heute überhaupt verstanden hat, dass wir über ihn gelacht haben. Auf jeden Fall wurde es ein harmonisches Weihnachtsessen.

Mein erstes ausländisches Weihnachtsfest

Nach dem Essen hieß es noch all hands an die Aufklarung und 'ne Stunde später ging es dann gemeinsam in die Stadt. Man wollte dem Moses zeigen, wie Weihnachten in England gefeiert wird. Wir fanden einen netten Pub und gesellten uns an die Bar. Da es meine erste Weihnacht in England war, besorgte man mir einen Hocker und stellte ihn für mich an die Bar. Man sagte mir, ich solle mich dort hinsetzen.

Ich versuchte zu widersprechen, indem ich darauf verwies, dass der Kapitän doch bitte dort Platz nehmen solle. Daraufhin bekam ich zu hören, dass er (der Alte) es mir auch anordnen könne. Jaja, schon gut. Gegen alle Regeln sträubte ich mich, doch was blieb mir übrig? Ich setzte mich also auf diesen Hocker und bekam ein Bitter in die Hand gedrückt. Nachdem ich dieses Bier so etwa zu drei Vierteln ausgetrunken hatte, kam eine etwas korpulente Dame mit einem breiten Lächeln auf mich zu, nahm mich beherzt in die Arme und gab mir einen Kuss, dass mir fast die Luft wegblieb.

Ich muss dermaßen verdattert aus der Wäsche geschaut haben, aber auf jeden Fall hatte der Rest der Mannschaft seinen Spaß und lachte herzhaft über mich. Ich hatte mich gerade gefasst und einen Schluck meines Bieres getrunken, da kam auch schon die nächste Dame. Sie nickte, lächelte mich an, nahm mich in den Arm und küsste mich. Ich wusste nicht, was los war, aber irgendetwas stimmte hier ganz und gar nicht. Die Mannschaft stand um mich herum und die Damen kamen bei mir an, um mich in den Arm zu nehmen und um mich zu küssen. Der Alte meinte nur mit einem Grinsen im Gesicht, das, wenn er keine Ohren gehabt hätte, ein Rundumgrinsen gewesen wäre: „Ach, jung und begehrenswert müsste man noch einmal sein!"

So verging die nächste Stunde. Ich schaffte es nicht einmal, den Rest meines Bieres zu trinken. Und ständig kam eine Dame, um mich in den Arm zu nehmen und um mich zu küssen. Selbst als ich aufstehen wollte, um zur Toilette zu gehen, wurde mir dies vom Alten untersagt. Na, zumindest die hatten ihren Spaß und konnten ihr Bier trinken. Doch auch meine Zeit sollte kommen und dann richtig. So harrte ich dort noch eine weitere halbe Stunde aus und ließ mich geduldig küssen. Es kam eine Gruppe junger Damen in den Pub, und als ob es sich im Ort schon herumgesprochen hätte, kamen sie auf mich zugerannt.

Und dann sah ich sie. Sie war die Letzte dieser Gruppe. Sie hatte kurze blonde Haare, braune Augen, ein entzückendes Lächeln, war etwa ein Meter sechzig groß und hatte ein dunkelgrünes Kleid an. Als die ersten beiden jungen Damen mich küssten, wurde die Mannschaft schon unruhig. Als meine blonde Schönheit nun vor mir stand, nahm ich sie in den Arm und unsere Lippen fanden sich und wollten gar nicht mehr voneinander lassen. Meine Zunge wurde irgendwie selbstständig und bat um Einlass in ihre Mundhöhle. Ohne Widerspruch und Gegenwehr konnte meine Zunge passieren und fing ein aufregendes Spiel mit ihrer Zunge an. Als wir uns gar nicht mehr trennten, wurde das Gejubel um uns herum größer und größer. Als wir uns, nach meinem Geschmack viel zu früh, voneinander lösten, zeigte sie nur nach oben, nahm mich an der Hand und zog mich weg. Als ich hochsah, hing dort ein Zweig, den ich nicht zuordnen konnte. Angie, so hieß die junge Dame, klärte mich auf. In England sei es zu Weihnachten üblich, dass man in den Pubs Mistelzweige aufhängt. Und wer darunter steht oder sitzt, der darf von allen des anderen Geschlechts im Lokal geküsst werden. Nun wusste ich zumindest, warum die Mannschaft ihren Spaß mit mir gehabt hatte. Wenn ich schon nicht auf die üblichen Seemannsgarntricks hereinfiel, dann musste ich eben so dran glauben.

Doch dann fragte ich Angie, warum sie mich dann unter dem Zweig weggezogen hatte. Ihre Antwort war simpel und einfach zugleich. Sie nahm mich in den Arm und küsste mich. Als sich unsere Lippen voneinander lösten, hauchte sie mir ins Ohr, dass sie mich nicht mit den anderen Weibern teilen wolle. Ich glaube, in diesem Moment wurde mein Rücken gerade, ich mindestens zwanzig Zentimeter größer und mein Ego zum Gockel. Wir blieben noch eine ganze Zeit im Pub, denn an diesem Tag dürfen die Lokale anstatt bis dreiundzwanzig Uhr sogar bis Mitternacht offen haben. Auch die Mannschaft hatte Anschluss gefunden und somit sagten Angie und ich um kurz vor Mitternacht, dass wir noch zu einer Privatparty gehen wollten. Die Privatparty war dann auch sehr privat. Sie fand sozusagen im engsten Freundeskreis statt. Oder um es mit anderen Worten zu sagen, die Party bestand aus Angie und aus mir. Wir waren zu ihrem Elternhaus gegangen und, ohne jemandem zu begegnen, auf ihrem Zimmer verschwunden. Ich konnte mich an dieser Frau nicht sattsehen. Wir schmusten und fielen zusammen auf ihr Bett. Ganz langsam, als hätten wir die Zeit zusammen bis zum Ende unseres Lebens, entledigten wir uns gegenseitig unserer Kleidung. Auch der darauffolgende Sex hatte nichts mit Eile oder einem Quickie zu tun.

Wir genossen es beide in vollen Zügen. Sie genoss es, dass ich tief in ihr war, und ich genoss es, dass sie mich voll und ganz in sich aufgenommen hatte. Teilweise bewegten wir uns gar nicht, nur um die Zeit so lange wie möglich zu genießen. Ich kann nicht sagen, wie lange es dauerte, bis wir kamen. Doch wir kamen zusammen und es war einer der heftigsten Orgasmen, die ich je verspürt habe. In dieser Nacht liebten wir uns dreimal und danach nahm ich sie in meinen Arm. Sie kuschelte sich ganz eng an mich und wir schliefen tief und fest, bis jemand an die Tür klopfte.

Angie stand auf und steckte ihren Kopf aus der Tür. Ich konnte nicht verstehen, was sie sagte, doch sie kam mit einem Lächeln zurück und meinte, dass wir zum Frühstück runterkommen sollten. Nachdem wir zusammen geduscht hatten, und ich muss gestehen, wir haben uns unter der Dusche noch einmal geliebt, gingen wir Hand in Hand runter in die Küche. Irgendwie war es mir schon etwas peinlich, so vor der ganzen Familie vorgeführt zu werden. Doch wie sich herausstellte, war alles halb so schlimm. Es war eher so, als ob ich schon seit einem Jahr oder so zur Familie dazugehörte. Ich verbrachte die ganzen Weihnachten bei der Familie und es wurde kräftig gefeiert.

Je weiter die Tage gingen, umso mehr Alkohol floss. Am ersten Tag nach den Feiertagen musste ich nun wieder an Bord aufschlagen, um meiner Arbeit nachzugehen. Ich kam pünktlichst zum Frühstück an und alle meinten nur: „Oh, der verlorene Moses ist zurück." Da man mir offensichtlich ansah, dass ich nicht wirklich in der Lage war zu arbeiten, schickte man mich ins Kabelgatt, um Farbe und eine große Rolle zu holen, um dann an der Pierseite außenbords zu malen. Ich tat, wie mir gesagt wurde. Doch weit bin ich nicht gekommen. Am Nachmittag wachte ich in meiner Koje auf und Angie war in meinem Arm. Was war geschehen? Was hatte ich hier nicht mitbekommen? Ich sollte es erst am nächsten Tag erfahren. Diese Nacht gehörte Angie und mir. Wir konnten nicht voneinander lassen. Was ich damals noch nicht wusste, ist, dass ich Angie noch einige Male wiedersehen sollte. Später hat sie einen anderen Mann geheiratet und mit ihm drei entzückende Kinder bekommen. Seit dieser Zeit hatten wir keinen Sex mehr zusammen, doch wir standen noch lange in Kontakt zueinander. Kurz bevor wir am nächsten Tag auslaufen sollten, ging ich an Land, um die Vorbereitungen zu erledigen.

Dabei sah ich dann auch, wie weit ich mit dem Malen gekommen war. Ich hatte es geschafft, die Rolle in die Farbe einzutauchen, irgendwie an die Bordwand zu klatschen und damit zweimal auf und nieder zu rollen. Die dritte Bewegung ging dann in einem schönen Bogen nach unten. Als ich so davorstand und diese Malerarbeit betrachtete, kam der Leichtmatrose an und meinte: „Tja, da bist du dann wohl eingepennt! Als wir dich gefunden haben, hast du seelenruhig auf der Pier gelegen und deinen Rausch ausgeschlafen. Da haben wir dich auf die Kammer gebracht und in die Koje gelegt. Deine Angie kam dann etwa drei Stunden später." Das war alles, was ich an Kommentar dazu erhalten habe. Aber für mich waren es mit die schönsten Weihnachten in meinem bisherigen Leben.

Wenn die Zöllner auf einen warten

Wir fuhren weiter durch die Nord- und Ostsee. Und eigentlich hat sich in der ganzen Zeit nicht viel ereignet. Es waren einfach die normalen Dinge des Lebens, die abliefen. Einlaufen, Laden oder Löschen, Auslaufen, Saubermachen und natürlich Rostklopfen und Malen.

Wie immer, wenn es durch den Nord-Ostsee- Kanal ging, durfte ich steuern und wie immer wurde auf der Kieler Seite gleich hinterm Nord- Ostsee-Kanal an der Thiessenkai festgemacht. Dort kamen immer einige Paletten mit Lebensmitteln und, noch viel wichtiger, Paletten mit Wodka und Zigaretten an Bord.

Nicht dass wir diesen Wodka getrunken haben, nein, der war nur dafür da, uns ein Leben zu finanzieren, das man sonst nicht so leben konnte. Dieser Wodka und die Zigaretten verschwanden in einem Raum an Bord, den es offiziell nicht gab und der auch nicht in den Plänen verzeichnet war. Er war entstanden, als vor meiner Zeit die Schalttafel im Maschinenraum einen Kabelbrand gehabt hatte. Danach wurde eine neue Schalttafel eingebaut, und da die Elektronik in fünfzehn Jahren eine unglaubliche Veränderung erlebt hatte, wurde nicht mehr so viel Platz benötigt und hinter der Schalttafel entstand ein Raum, der etwa eineinhalb Meter breit war und eben über die gesamte Länge der Schalttafel von fünf Metern ging. Diesen Raum konnte man betreten, allerdings musste man sich dafür durch eine kleine Klappe am Boden der Frontseite zwängen und dabei die Kabel etwas zur Seite schieben. Doch da hatten wir uns eine Halterung ausgedacht und gebaut. Und somit ging es ganz gut. Und da ich der Kleinste und Dünnste war, war es meine Aufgabe, da hineinzukriechen und den Wodka und die Zigaretten zu verstauen. Wenn dieser Raum gefüllt wurde, dann wussten wir, dass es nach Schweden oder nach Finnland ging. Dort saßen unsere Abnehmer, hauptsächlich Zöllner und Hafenarbeiter. Wir kauften die Flasche Wodka für zwei Mark fuffzig ein und in Skandinavien wurde sie für dreißig bis fünfunddreißig Mark verkauft. Hier gab es auch nie irgendwelche Probleme. Die Zöllner kamen an Bord, und da unser Kapitän alle kannte, wurden auch immer gleich kistenweise die Wodkaflaschen und Zigarettenstangen ausgegeben. Teilweise gab es sogar richtige Vorbestellungen. Jeder von uns war an dem Geschäft gleichmäßig beteiligt und somit konnte ich nach meiner ersten Fahrzeit meinen Führerschein davon bezahlen, ein kleines Auto, einen silbernen Ford Fiesta, kaufen und mir meine erste Urlaubsreise in den Süden davon leisten.

Auch ein Moses braucht einmal Urlaub

So verging ein weiterer Monat ohne viele Ereignisse. Wenn wir irgendwo in Süd- bis Mittelengland waren, kam Angie zu mir an Bord. Doch dann eines Tages kam der Alte zu mir und meinte, ich solle schon mal mit dem Packen anfangen. Ich fragte ihn: „Warum denn?" Er erklärte mir, dass ich schon sechseinhalb Monate an Bord sei und mir nun Urlaub zustehe. Zudem müsste ich Ende Februar zur Seemannschule nach Bremen auf die Deutschland. Die Deutschland war ein alter „P-Liner" und diente als Unterkunft für angehende Seeleute. Aber irgendwie konnte ich mich nicht damit abfinden. Ich wäre so gerne noch geblieben. Doch es half nichts.

Am Tag der Abmusterung ging ich zum Kapitän. Ich bekam ein sehr gutes Zeugnis, so wie sie alle waren, die ich an Bord bekam. Doch das ist wohl so, wenn man seinen Job liebt. Als ich mich verabschiedete, sagte er zu mir: „Moses, bleib, wie du bist! Versuch nicht dich zu verstellen. Nimm immer nur das Beste mit und erinnere dich immer daran, wo du hergekommen bist!" Damals konnte ich noch nicht viel damit anfangen. Doch heute weiß ich, was er meinte, und ich habe versucht, dieser Anweisung zu folgen. Ich glaube auch, dass es geklappt hat, denn heute sagen mir alle Offiziere, Matrosen und andere Hilfskräfte, dass sie gerne mit mir zusammen fahren. Sicher gibt es immer mal den einen oder anderen, mit dem man nicht so klarkommt. Doch ich versuche bis heute, immer das Beste daraus zu machen und mich nicht zu verstellen. Bevor ich nun abschweife, ich ging also von Bord in den wohlverdienten Urlaub. Ich hatte es bisher noch immer irgendwie nicht registriert, dass es nach Hause ging. Doch jetzt, mit dem Gepäck auf der Gangway, da wurde mir klar, dass es nach Hause geht. Und nun kam auch Freude auf. Nein, jetzt war es mehr. Jetzt wollte ich nach Hause. Fast wie eine Art Heimweh. Zumindest stelle ich es mir so vor, dass Heimweh ungefähr so sein muss. Da ich mich um die Rückfahrt nicht kümmern musste, setzte ich mich ins Auto und ließ mich von einem Büromitarbeiter, der mich abholte, nach Hause fahren.

Zu Hause angekommen, wurde ich aufs Herzlichste von der Familie begrüßt und musste alles erzählen, was ich gesehen und erlebt hatte. Dies tat ich gerne und ich ließ mir meinen Ostfriesentee besonders schmecken. Natürlich ließ ich die kleinen feinen Details mit den Mädchen untern Tisch fallen. Am nächsten Tag habe ich erst einmal ausgeschlafen. Ausschlafen bei mir heißt irgendwann zwischen sieben und acht Uhr aufstehen. Dies kann nur später werden, wenn ich eine Dame bei mir habe und wir uns gemeinsam die Zeit vertreiben. Doch da dies nicht der Fall war, stand ich schon frühzeitig in der Küche und habe zusammen mit meinen Eltern gefrühstückt. Danach bin ich erst einmal in die Kreisstadt gefahren, um zur Reederei zu gehen. Denn ich hatte meinen Ziehschein immer nur so hoch ausgestellt, dass ich auch noch Geld an Bord zur Verfügung hatte. Da nun noch etwas über tausend Mark auf meinem Reedereikonto waren, wollte ich diese abholen und mich bei der Reederei zurückmelden und mich nach der Schule erkundigen.

Die Reederei war mittlerweile aus dem Privathaus ausgezogen und in ein Bürogebäude in die Stadt gezogen. Dort ging ich in den Haupteingang hinein und meldete mich an der Rezeption. Ich hatte meinen Namen noch nicht gesagt, doch ich wurde mit einem „Guten Tag, Herr Seemann, was kann ich für Sie tun?" begrüßt. Ich hatte die Dame von der Rezeption noch nie gesehen und konnte mich auch nicht erinnern, dass ich mal mit ihr gesprochen hatte. Also sagte ich nur, dass ich gerne zu Frau Debatka wolle, um mit ihr über meine Schule zu sprechen. Man rief Frau Debatka an und danach wurde ich in die Küche gebracht. Man sagte mir, ich solle mir doch einen Kaffee nehmen, was ich auch gerne in Anspruch nahm. Als ich mir den Kaffee eingegossen hatte und den Zucker suchte, fand ich an der Pinnwand ein Foto. Bei dem Anblick fiel mir meine Kaffeetasse fast aus der Hand. Zumindest wusste ich nun, warum die Dame am Empfang mich so gut kannte. Ich hatte mich noch nicht ganz gefangen, da kam die Frau Debatka in die Küche und begrüßte mich mit den Worten „Mein letzter echter Seemann, willkommen zu Hause. Und wie hat es dir so an Bord gefallen? Ach, was frage ich, dem Bild nach zu urteilen muss es ja gut gewesen sein!" Es war mir doch etwas peinlich, dass ich auf dem Foto zu sehen war, wie ich gerade meinen Showfick mit Sherly darbot. Aber gut, es war nicht zu ändern, und da musste ich nun durch. Ich bekam mein Geld ausbezahlt und Frau Debatka sagte mir, dass ich nun erst einmal drei Wochen Urlaub hätte und mich danach in Bremen auf der Deutschland zum Blockunterricht einzufinden hätte. Auf dem Wege nach draußen traf ich noch auf den Bruder meines Chefs. Und auch er kannte mich beim Namen und meinte, dass ich in diesem und im letzten Jahr der einzige richtige Seemann sei. So verließ ich das Reedereigebäude mit gemischten Gefühlen und fuhr mit dem Bus nach Hause.

Die Zeit verging wie im Fluge, doch irgendwie war mir langweilig. Mit den Mädchen in der Umgebung lief irgendwie auch nichts. Und dann ging es zum Schulzeitblock nach Bremen.

Was eine Seefahrtschule mit einer Jugendherberge zu tun hat

Von der Reederei wurde mir die Telefonnummer eines Kollegen aus dem dritten Lehrjahr mitgeteilt und mit diesem verabredete ich mich zwecks einer Fahrgemeinschaft. Somit wurde ich am Montagmorgen vor der Haustür abgeholt und wir fuhren zu dritt nach Bremen. Dort angekommen, gingen wir auf die Deutschland, ein altes Segelschiff, das als Internat diente. Dieses Segelschiff lag zu dieser Zeit noch an den Weserbrücken direkt an der Innenstadt. Und nur einen Steinwurf von der Beck's-Brauerei entfernt.

Ich bekam eine Zweimannskammer zugewiesen, hatte aber Glück, denn mein Zimmerkollege war Heimschläfer. Er fuhr also jeden Abend nach Hause und kam am Morgen erst zum Unterricht in die Schule. Die Schule war direkt am Schiff und somit brauchte man keine zwei Minuten, um von der Messe bis in den Klassenraum zu kommen. Wir hatten nach einem bestimmten Wachsystem Backschaft (Auf- und Abdecken der Tische zu den Mahlzeiten) und Reinigungsdienst. In dieser ersten Woche lernten wir Erstklässler uns ein wenig näher kennen und ich muss sagen, es waren nur zwei in meiner Klasse, mit denen ich näheren Umgang pflegen wollte. Wir waren zu zwölft in der Klasse. Doch sechs von denen waren richtige Streber und gingen am Abend um spätestens 21 Uhr zu Bett, und Bier konnten sie vielleicht schreiben, aber getrunken haben sie es wohl noch nicht. Drei hielten sich aus allem raus. Also blieben nur wir drei. Doch nach dem Wochenende kam nur noch Jens aus dem Norden wieder. Alex hatte einen Unfall und würde für sieben bis acht Wochen im Krankenhaus bleiben müssen. Somit schmiedeten Jens und ich Pläne, was wir denn anstellen wollten. Wir haben uns erst einmal bei den Älteren umgehört, wie man denn die Schlusszeit (21.30 Uhr) umgehen könne. Da gab es nur eine Möglichkeit. Man musste um den Zaun herum klettern, der vorne an der Gangway angebracht war. Das größere Problem war eigentlich der Bootsmann der Deutschland, er war quasi unser Herbergsvater und saß immer bis circa 23 Uhr auf dem Achterdeck und stopfte seine Pfeife.

Am Montag waren wir noch zu geschafft vom Wochenende daheim, doch am Dienstag sind wir nach dem Abendessen in die Stadt und dort erst einmal in die berühmt-berüchtigte Beck's-Kneipe. Das Publikum war im Durchschnitt etwa zehn Jahre älter und somit konnten wir dort nichts gewinnen. Also sind wir nach zwei Bier raus und haben uns zu Fuß auf ins Schnorrviertel gemacht. Hier gab es Kneipen, die schon eher etwas zu bieten hatten. Irgendwann gegen 2 Uhr in der Früh sind wir dann zurückgegangen und kamen auch ohne Probleme an Bord. So verbrachten wir die zweite Woche damit, auszukundschaften, wo man hingehen könnte und wo man gar nicht erst aufschlagen musste. Am Montag der dritten Woche meinte Jens in der Pause, dass wir herausbekommen sollten, ob und vor allem wo sich eine Jugendherberge befand. Dann würden wir am Montag und Dienstag dort hingehen und baggern und am Mittwoch und Donnerstag hätten wir ein Mädel.

Der Plan war gut, sogar sehr gut. Wie sich herausstellte, war die Jugendherberge nur etwa fünfzehn Gehminuten vom Schiff entfernt. Nachdem Jens und ich unsere Backschaft beendet hatten, sind wir also auf zur Jugendherberge. Es dauerte auch gar nicht lange, da hatten wir den ersten gewünschten Kontakt und kurz darauf waren wir beide mit fünf Mädchen zusammen unterwegs, um mit ihnen in der Beck's-Kneipe ein Bier zu trinken. Auf dem Rückweg hatte jeder von uns ein Mädchen im Arm, die anderen drei Mädchen waren leider schon vorzeitig gegangen. Aber so ersparte es uns die Probleme, wer mit wem rumzumachen hätte. Hier war es deutlich und klar.

Wir waren noch nicht ganz aus der Fußgänger- zone heraus, da standen wir schon mit den Mädchen und knutschten wild herum. Leider mussten wir uns beeilen, denn die beiden mussten um 22 Uhr in der Herberge sein. Sie erzählten uns, wo sie ihr Zimmer hatten, und wir sagten, wir würden unten stehen und uns noch von ihnen verabschieden. Zudem verabredeten wir uns für den nächsten Abend. Wir standen wie versprochen unter dem Fenster und unterhielten uns noch einige Minuten, bis ihr Lehrer ankam und sie schnell das Fenster verschlossen. Jens und ich hielten Ausschau, wie wir wohl in die Jugendherberge gelangen könnten, ohne dass man uns sieht. Wir fanden eine Möglichkeit. Doch dazu mussten die Mädchen uns behilflich sein.

Am nächsten Abend saßen wir zusammen an der Weser und schmusten rum. Gegen kurz vor zweiundzwanzig Uhr lieferten wir sie an der Herberge ab und erzählten ihnen, was wir vorhatten. Sie fanden das superspannend und sie wollten sich gegen dreiundzwanzig Uhr zu dem von uns ausgesuchten Fenster begeben, um uns Einlass zu gewähren. Fünfzehn Minuten vor der Zeit enterten Jens und ich ein Garagendach, liefen über eine kurze Mauer und gingen über ein Vordach zu dem Fenster. Dort setzten wir uns hin und warteten. Die Zeit des Wartens zog sich in die Länge wie ein Kaugummi. Doch um einige Minuten nach dreiundzwanzig Uhr öffnete sich das Fenster und wir gingen zu unseren beiden Mädchen. Mit Taschenlampen bewaffnet, erkundeten wir die Jugendherberge und fanden auch drei schöne Plätze, an denen man seine Zeit mit einem Mädchen verbringen konnte. An diesem Abend war außer Knutschen nicht mehr drin. Doch an den nächsten beiden Abenden haben wir dann einfach schönen und kurzen, aber guten Sex gehabt. Und dafür haben sich das Klettern und das Warten echt gelohnt. Bei diesen Abenteuern ging es nach dem Motto „Aus den Augen, aus dem Sinn", und am Montag fingen wir wieder von vorne an. Das ging auch weitere drei Wochen gut. In unserer fünften Woche ist uns dann ein kleines Missgeschick passiert. Wie immer gingen wir zusammen zum Fenster und dann ging einer nach unten in die Sessellandschaft und der andere nach oben auf den Dachboden, denn dort standen einige Betten, Matratzen etc.

Jens ging an diesem Mittwoch mit seinem Mädchen auf den Dachboden. Da es schon später als gewohnt war, nahm mich meine an die Hand und führte mich in ihr Zimmer, das sie mit weiteren fünf Mädchen teilte. Sie sagte, wir müssten nur leise sein, die anderen würden immer fest schlafen. Also Klamotten raus und rein in die Koje. Es war nicht schlecht, mal ein ganz anderer Kick, den ich noch nicht kannte. Die anderen Mädchen atmeten ruhig und ich war mir sicher, dass sie fest schlafen würden. Ich lag auf dem Rücken und Margret saß auf mir und machte die Rittmeisterin. Wir waren schon eine ganze Weile ineinander verschmolzen, als es auf dem Flur plötzlich sehr laut wurde.

Die anderen Mädchen wurden davon natürlich wach und ich lag nun mit nacktem Arsch in diesem Bett. Was tun, wenn kein Mauseloch in der Nähe ist? Margret war fix genug und hat die Klamotten unter die Decke gezogen. Ich schob sie nach vorne zum Bettrand und ich lag ganz hinten an der Wand unter dem Bettlaken. Da wir oben waren, konnte ich mir fast sicher sein, dass man mich im Falle eines Falles nicht unbedingt gleich finden würde. Während alle nun am Fragen waren, was denn sei, hatte ich nichts Besseres zu tun, als Margret meine Finger langsam von hinten in die warme, feuchte Spalte zu schieben und ihr dabei den Rücken zu küssen. Sie wurde immer feuchter und konnte sich nicht auf die Gespräche im Zimmer konzentrieren.

Doch dann hörte ich den Namen Alina und da bewegte sich kein Finger mehr von mir, denn Alina war das Mädchen, mit dem Jens nach oben gegangen war. Eine gute halbe Stunde später erfuhren wir, dass man Alina mit einem Jungen oben auf dem Dachboden erwischt hatte. Der Junge konnte fliehen, musste aber seine Hose und seine

Schuhe zurücklassen. Bei der Vorstellung konnte ich mir ein Lachen nicht verkneifen. Ich bekam von Margret einen liebevollen Klatsch, denn ich musste mich ja unter der Bettdecke ruhig verhalten. Nachdem sich die Aufregung gelegt hatte, wurde das Licht ausgestellt und nach einigen Gesprächen in der Dunkelheit schliefen die Mädchen nach und nach wieder ein.

Plötzlich ging die Tür auf, es wurde aber kein Licht angemacht und Margret bekam einen Zettel zugeschoben. Es war Alina gewesen und sie hatte auf den Zettel geschrieben, dass die Hose und die Schuhe beim Pauker im Zimmer wären. Momentan waren wir machtlos und somit machten wir dort weiter, wo wir aufgehört hatten. Ich lag auf dem Rücken und Margret spielte erneut die Rittmeisterin. Nachdem wir gekommen waren, drehten wir den Spieß um und ich lag oben und fickte Margret mit kurzen, aber kräftigen Stößen durch. Gegen vier Uhr in der Früh standen wir auf und ich zog mich an.

Margret zeigte mir, wo der Pauker seine Kammer hatte, und dann schickte ich sie zurück, damit sie nicht mit hineingezogen werden konnte, sollte man mich erwischen. Ich muss sagen, ich liebe Jungendherbergen. Denn die Türen sind immer ordentlich geölt und quietschen nicht. So war es auch an dieser Tür. Ich konnte sie ohne einen Laut öffnen. Nachdem ich die Tür etwa einen Zentimeter geöffnet hatte, wartete ich fast fünf Minuten, bevor ich sie langsam weiter aufstieß. Ich konnte das regelmäßige Atmen des Paukers hören. Ich wagte mich hinein und schaltete meine Taschenlampe kurz an, um zu sehen, wo die Sachen von Jens waren. Sie lagen fein säuberlich auf dem Tisch. Danke den ordentlichen Paukern dieser Welt. Ich griff zu und das Licht über der Koje ging an. Und was musste ich sehen, der Pauker war auch nicht alleine in seiner Koje, eine Dame mit langen dunklen Haaren lag daneben. Doch nun wurde es Zeit, die Füße in die Hand zu nehmen. Ich rannte auf den Flur hinaus und diesen hinunter.

Bevor ich beim Pauker in die Kammer gegangen war, hatte ich dort am Ende das Fenster geöffnet. Dies kam mir nun zugute. Der Pauker kam bereits hinter mir angerannt. Ich stieß das Fenster auf, setzte mich auf die Fensterbank, drehte mich um und sagte: „Ich hoffe, das ist Ihre Frau bei Ihnen im Bett, ansonsten könnte die Nacht noch ein Nachspiel haben, wenn jemand darunter leiden muss!" Dabei drehte ich mich zur Straße und sprang hinunter.

Gut gelaunt lief ich zur Deutschland. In der einen Hand die Hose, in der anderen die Schuhe von Jens. Ich war gerade am Überlegen, wie ich ihm diese Sachen wohl am besten zurückgeben konnte, damit ich daran auch noch einmal Spaß haben könnte. Doch leider wurde nichts draus. Plötzlich kam jemand aus dem Dunkeln auf mich zugeschossen und meinte: „Na endlich, wurde ja auch Zeit, dass du mal kommst! Ist verdammt kalt hier!" Vor mir stand Jens auf Socken und in Unterhose, aber mit Lederjacke an. Ich konnte mir das Brüllen nicht verkneifen. Aber ich hatte Mitleid mit ihm und gab ihm seine Hose und die Schuhe zurück.

Am nächsten Abend trafen wir uns mit Alina und Margret und wir erfuhren, dass der Pauker zu Alina gesagt hatte, dass er nichts weiter daraus machen würde und das Ganze unter dem Mantel des Schweigens verschwinden lassen würde. Es geht doch! Ich hoffe nur, er hat sein Wort gehalten, denn nach diesem Abend habe ich nichts mehr von den beiden gehört. So gingen dann auch ohne weitere Besuche der Jugendherberge die letzten Wochen unseres Schulzeitblocks vorüber und langsam bekam ich auch Sehnsucht nach dem Meer.

St. Patrick's Day in Irland

Nach der Schule war ich noch knapp eine Woche zu Hause und dann hieß es wieder Koffer packen. Dieses Mal musste ich zum Flughafen. Das war eine neue Erfahrung. Denn ich war noch nie geflogen. Zu dem Zeitpunkt flog noch nicht jeder mal kurz nach Mallorca oder sonst wohin in Urlaub. Ich bekam einen Maschinenbau-Ingenieur (kurz Chief genannt) als Begleitung mit und somit ging es ohne Probleme. Wir flogen von Bremen über Amsterdam nach London. Den Flug fand ich sehr spannend. Der Chief hatte mich zuvor gefragt, ob ich schon einmal geflogen war, und ich konnte ihm nur sagen, außer aus der Kneipe bin ich noch nie irgendwo raus- oder hingeflogen. Er musste lächeln und sagte mir, dann solle ich mich mal ans Fenster setzen und den Flug genießen.

Ich konnte mich gar nicht sattsehen an dieser Aussicht. Das geht mir auch heute noch so. Ich bin immer wieder begeistert, wenn ich mir in der Dunkelheit die Städte oder am Tage die Küsten und eventuell sogar Schiffe von oben anschauen kann. Von London aus mussten wir dann noch mit der Bahn bis Southampton und den Rest mit dem Taxi. Dann sah ich endlich das Schiff, auf dem ich die nächsten Monate verbringen sollte. Es war eine Seeschlange. Also ein Schiff, das nicht über die typischen Aufbauten verfügte, sondern das eine Brücke hatte, welche bei Bedarf auf und nieder gefahren werden konnte. Das hatte den Vorteil, man konnte mit dem Seeschiff auch auf Flüssen hinauffahren, wo man sonst mit den Seeschiffen nicht hinkam. Aber es war dreißig Meter länger als mein vorheriges Schiff. Ich meldete mich beim Alten an Bord und bekam eine Kammer zugewiesen. Die Mannschaft war, soweit ich das sagen konnte, okay und meine Unterkunft war gegenüber dem vorherigen Schiff schon mit Luxus zu beschreiben. Obwohl wir nun eigentlich alle unter Deck wohnten, war das Schiff sehr geräumig. Wir hatten auch hier wieder zwei Messen und eine große Kombüse dazwischen.

Wir sollten Futtermittel nach Cork in Irland bringen. Zu diesem Zeitpunkt war mir gar nicht nach Seefahrt, denn ich hatte genau an dem Tag, an dem wir in Cork einlaufen würden, Geburtstag. Doch irgendwann ist immer das erste Mal. Und dann lieber gleich als später. Wir legten am Abend ab und es ging durch den englischen Kanal und die irische See nach Cork. Am Morgen haben mir alle Besatzungsmitglieder gratuliert und der Smutje/Koch hatte einen Kuchen gebacken, den wir zur Coffeetime am Vormittag vertilgt haben. Vom Alten bekam ich ein Messer zum Geburtstag geschenkt und ansonsten war es ein ganz normaler Arbeitstag. Am frühen Nachmittag kamen wir in Cork an und haben wie üblich alles fürs Löschen vorbereitet. Doch wir erfuhren, dass die Löschgang erst am nächsten Tag, vielleicht auch noch einen Tag später kommen würde. Das hatte mit dem St. Patrick's Day zu tun, schließlich sei das ein Feiertag und alle seien außer Rand und Band. Also ließen wir uns anstecken und gingen gemeinsam nach dem Abendessen an Land. Wir suchten uns ein Pub aus und hatten schon Schwierigkeiten hineinzugelangen. Hier wäre vor der Tür ein Schild „Wegen Überfüllung geschlossen" angebracht gewesen. Wir kämpften uns zur Bar durch. Da ich noch nicht in Irland gewesen war, musste ich von jedem einen Ratschlag entgegennehmen, welches nun das beste Bier sei.

Ich löste diese Aufgabe ganz einfach und fragte den Barkeeper, welches er mir empfehlen könne. Er gab mir ein Glas mit einem Bier drin, das sehr dunkel aussah, aber überraschenderweise sehr gut schmeckte. So tranken wir zwei, drei Runden und stellten den ersten Kontakt zu der einheimischen Damenwelt her. Bei der vierten Runde hat der Matrose dann einen kapitalen Fehler begangen. Er sagte zum Barkeeper: „Bitte noch mal eine Runde, denn wir müssen noch auf den Geburtstag von unserem Moses anstoßen." Der Barkeeper winkte mich heran und fragte, ob ich Geburtstag hätte. Ja, gab ich ehrlich zu. Ob er meinen Ausweis sehen dürfe. Also zeigte ich ihm meinen Ausweis und er stellte fest, dass ich heute meinen 18. Geburtstag feierte. Er gab mir meinen Ausweis zurück und fing an, die Tresenglocke wie wild zu läuten. Als er fertig war mit dem Läuten, verkündete er stolz, dass alle Getränke des weiteren Abends auf Kosten des Hauses gingen, da es ein Geburtstagskind in seiner Kneipe gebe. Er stellte mich kurz vor und von da an musste ich unzählige Hände schütteln, unzählige Umarmungen und Küsse kamen hinzu. Glückwünsche und Gesichter, geschweige denn die Namen, konnte ich mir nicht mehr merken.

Mit jedem sollte und musste ich anstoßen. Irgendwann war ich so alle Glückwünsche durch und ich landete auf einer Bank und saß inmitten von jungen Damen, die zu diesem Zeitpunkt schon sehr gut aussahen. Ich weiß nicht, ob sie wirklich so gut aussahen oder ob es am Alkohol lag. Aber ich fühlte mich sauwohl und das war das Wichtigste. Ich hatte in jedem Arm eine Frau und bekam von jeder einen Kuss auf die Wange gedrückt. Das Gejohle war groß und ich fühlte mich noch besser. Irgendwie haben sich zwei, drei Leute mit Gitarre und Fidel ausgestattet und dann gab es Livemusik. Seit diesem Zeitpunkt habe ich ein Herz für Irland. Ich war überwältigt. Ich bekam Gänsehaut. Das muss man sich einfach einmal vorstellen, es geht einem supergut, man hat in jedem Arm eine hübsche Frau, es wird Livemusik gespielt, alle sind glücklich und haben Spaß. Das ist unbeschreiblich, man kann diesen Augenblick und die Gefühle, die einen in einem solchen Moment durchrasen, nicht beschreiben. Es war grandios. Um dreiundzwanzig Uhr wurde die Tür verriegelt, doch die Feier ging weiter. Gegen ein Uhr musste ich vortreten und der Wachmann, der das Lokal räumen wollte, kontrollierte meinen Ausweis. Danach legte er seine Mütze und seinen Umhang ab und feierte einfach mit. Super! So etwas muss man erleben, sonst kann man es nicht glauben. Uns wurde genehmigt, so lange weiterzufeiern, bis ich das Haus verlassen würde.

Da kam ich nun in Gewissenskonflikte. Zum einen wollte ich mich mit der roten Sarah verabschieden, um mit ihr allein zu sein, und auf der anderen Seite wollte ich kein Egoist sein und die Feier sprengen, nur weil ich scharf auf eine Frau war. Nun muss ich erwähnen, dass ich noch nie eine rothaarige Frau gehabt hatte, und zudem sah sie auch noch klasse aus. Sarah war ungefähr so groß wie ich selbst, hatte lange rote Haare, die bis zum Busen fielen und sich ab dem Kinn in leichte Locken legten. Dazu blaue Augen, eine schlanke Figur, traumhafte Beine und, wie ich später feststellen sollte, sie war im Schambereich rasiert. Doch kleine Probleme lösen sich von alleine. Kaum waren fünfzehn Minuten vergangen, da kam der Wirt zu mir und meinte, wenn ich müde werden würde, würde für mich ein Bett im oberen Stockwerk zur Verfügung stehen. Nur solle ich nicht aus dem Haus gehen, damit die Party noch lange weitergehen könne! Beim Weggehen drehte er sich noch einmal um und meinte: „Es ist auch groß genug für zwei!" Er kniff ein Auge zu und ging weiter. Wir feierten und tanzten noch eine Weile und irgendwann nahm mich Sarah bei der Hand und brachte mich nach oben. Wir landeten zusammen im Bett und es war wirklich an der Grenze. Wenn ich ehrlich bin, ich kann mich an den Sex mit Sarah nicht wirklich erinnern.

Ich weiß noch, dass ich noch nicht so voll war, dass er nicht mehr stehen wollte. Ich kann mich auch noch daran erinnern, dass wir miteinander geschlafen haben, doch das Nächste, woran ich mich dann erinnere, ist, dass ich am Nachmittag aufwachte, eine süße rothaarige Frau in meinem Arm halte, die leider keine Sommersprossen hatte und die mich einfach anlächelte. Sie küsste mich und wir fingen an miteinander zu schlafen. Es war guter anständiger Sex. Danach haben wir noch eine Weile gekuschelt und anschließend zusammen geduscht.

Danach sind wir dann runter in die Wirtsstube. Ich traute meinen Augen kaum, aber dort war immer noch was los und die gesamte Mannschaft saß noch dort. Als sie mich sahen, standen sie auf und meinten: „Nun geht es ab nach Hause. Du kannst deine Süße gerne mitnehmen!" Gesagt, getan. Wir fuhren zum Schiff, die anderen waren so schnell verschwunden, dass ich nicht mal mehr fragen konnte, in welchem Schrank ich die Pfanne finden konnte. Also suchte ich sie und machte danach für Sarah und mich erst einmal ein anständiges Rühreifrühstück. Danach sind auch wir ins Bett gegangen. Nur zum Schlafen sind wir nicht gleich gekommen. Doch dafür haben wir hinterher entspannt und tief geschlafen. Am nächsten Morgen wachten wir eng umschlungen auf. Sarah meinte, sie müsse nun gehen und sie werde versuchen am Abend wieder zu mir zu kommen. Da es kurz vor sieben in der Früh war, übernahm ich den Weckdienst für die Mannschaft und fing schon einmal mit der Backschaft an. Leider wartete ich an diesem Abend vergebens auf die Rückkehr von Sarah. Und am nächsten Tag hieß es mal wieder Abschied nehmen. Wir mussten weiter, um im nächsten Hafen Ladung zu nehmen.

Maschinendienst

Ich hatte bei diesem Einsatz nicht ganz so viel Glück. Was man so eigentlich nicht sagen kann. Es war nicht meine favorisierte Vorstellung von der Seefahrt, da ich lieber an Deck bin als in der Maschine, aber ich war der Liebling vom Chief, keiner wusste, warum, aber ich war's. Und somit hatte ich bei diesem Einsatz meine Zeit in der Maschine. Ich wurde eingewiesen, wo ich was fand und welche Arbeiten ich wann zu tun hatte. Ich lernte die Maschine zu starten und natürlich auch abzustellen. Ich lernte den anderen Generator (wenn zu Reparaturzwecken ein anderer Diesel ans Netz musste, damit wir weiterhin Strom hatten) auf die Schiene zu legen, ohne dabei ein Blackout (liebevoll auch schwarzes Licht genannt oder, einfach gesagt, einen Stromausfall) zu fahren. Ich wurde eingewiesen, die Separatoren selbstständig auseinander- zunehmen und zu reinigen. Dieses sogenannte Tellerwaschen bei den Separatoren war eigentlich eine langwierige Arbeit, aber ich mochte sie am liebsten. Ich putzte und reparierte, was das Zeug hielt, und merkte gar nicht, dass unser Chief immer weniger in der Maschine anwesend war. Doch es machte mir Spaß, auch wenn mir klar war, dass ich diesen Job nicht machen wollte.

Eines Tages nun sollte ich den Kolben bei der Hauptmaschine wechseln. Wie üblich wies der Chief mich ein. Doch man konnte mittlerweile die Fahne nicht mehr überriechen. Ich machte mir Sorgen und fragte den Chief, was los sei. „Nichts! Ist alles klar! Mach deine Arbeit und kümmere dich um deine Sachen!" „Okay! Bin schon dabei." Ich fing an und es lief auch sehr gut. Als ich so weit war, dass ich den Zylinderkopf abheben konnte, informierte ich wie befohlen den Chief. Dieser kam wankend und lallend in der Maschine an.

Er schaute kurz darüber und meinte: „Gut, nun bringe den Kettenzug an und dann ziehen wir den Kopf runter." Wie gesagt, so wurde getan. Nur hatte ich vergessen, eine Halteschraube rauszudrehen. Leider konnte diese Schraube dem Zug nicht standhalten und riss ab. „Oh, oh", dachte ich nur, „nun ist aber die Kacke am Dampfen." Doch der Chief blieb cool und schnappte sich ein wenig Werkzeug. Er sagte zu mir, ich solle den Zylinderkopf an die Seite stellen, den neuen holen, und dann ginge es gleich weiter. Als ich fertig war, war auch er schon fertig und hatte das abgerissene Stück der Schraube aus dem verbliebenen Teil der Maschine herausgeholt. Wir holten zusammen den Kolben heraus und fingen an gemeinsam die Maschine wieder zusammenzubauen.

Der Chief arbeitete mit einer Geschwindigkeit und einer Präzision, die ich keinem in diesem Zustand je zugetraut hätte. Nach insgesamt sechs Stunden war der Kolben gewechselt und die Maschine lief wieder. Das war absoluter Rekord auf diesem Schiff. Nach dem Auslaufen rief mich der Chief an und ordnete an, dass ich auf seine Kabine kommen solle. Da ging mir doch langsam der Stift. Ich dachte: „Nun wirste wegen der Schraube erst einmal eingenordet." Aber nee, weit gefehlt. Er sagte mir, ich solle mich zu ihm an den Tisch setzen und ein Bier mit ihm trinken. Nach dem dritten Bier sagte ich zum Chief: „Chief, wegen der Schraube, das tut mir echt leid, aber ich habe dieses dumme Ding echt nicht gesehen." Seine Antwort hat mich dermaßen überrascht, dass ich es bis heute noch nicht glauben kann. Er meinte nur: „Das macht doch nichts! Du hast eine solch gute Vorarbeit geleistet, dass wir den Rekord für dieses Schiff hier locker aufgestellt haben. Und wo gehobelt wird, da fallen auch Späne! Nun mach dir mal keinen Kopf drüber. Wir werden das Kind schon schaukeln!" Danach tranken wir noch ein Bier zusammen und ich habe mich dann zum Abendessen verabschiedet. Und seit diesem Tag habe ich ihn kaum noch gesehen, er rief mich nur noch an und sagte mir, was zu erledigen sei, und wenn es Probleme gäbe, dann sollte ich ihn doch anrufen. Aber so habe ich sehr viel in der Maschine gelernt und war für meine Schiffsmechaniker-Prüfung mehr als gewappnet.

Kochende Kartoffeln, die anbrennen

Als ich etwas mehr als einen halben Monat an Bord war, kamen wir nach Bordeaux. Diesen Hafen habe ich in schlechter Erinnerung. Da wir dort wie üblich an Land gingen, haben wir uns ein Bistro gesucht, in dem man draußen sitzen und auf die Garonne schauen konnte. Der Kellner kam und nahm die Bestellung auf und danach ging er seiner Wege. Wir haben uns über dieses und jenes unterhalten und nach etwa einer Stunde wollten wir zahlen. Wer nicht kam, war der Kellner. Wir sagten ihm dreimal, dass wir zahlen möchten, doch das schien ihn nicht zu interessieren. Dies ging so weit, dass wir nach zwei Stunden des Wartens aufgestanden sind, um zu gehen. Da konnte er auf einmal ganz geschäftig ankommen und abkassieren. Nachdem wir bezahlt hatten, spuckte er uns vor die Füße und beschimpfte uns wild. Leider ist mir dies des Öfteren in Bordeaux passiert, so dass ich nicht von einem Einzelfall ausgehen kann.

Doch hier in Bordeaux kam ein neuer Koch an Bord. Nach dem, was er unserem neuen Leichtmatrosen auf der Fahrt dorthin (sie waren mit dem Transporter inklusive Verpflegung angereist) erzählt hatte, musste er der österreichische Superkoch sein. Wir freuten uns schon auf das Festmahl, das uns morgen auf den Tisch gestellt werden würde. Doch es sollte mal wieder alles anders kommen, als wir dachten.

Beim Frühstück hat es ein wenig gestockt, um nicht zu sagen, es klappte nichts. Doch das schoben wir auf die Tatsache, dass dies sein erster Einsatz auf einem Schiff war und dass er sich noch nicht in der Kombüse zurechtfand. Am Mittag war unsere Stimmung ganz gut und wir kamen guter Dinge in die Messe. Wir setzten uns und der Koch meinte, dass es noch eine Minute dauern würde und das Essen wäre auf dem Tisch. Es dauerte auch nicht viel länger und er brachte Schüsseln auf den Tisch.

Okay, der Braten sah nun nicht aus, wie ein Braten aussehen sollte, sondern eher wie ein Braten, in dem man mehrere Neujahrsböller gezündet hat. Das Gemüse sah schön knackig und kräftig in der Farbe aus. Wie sich herausstellte, war es auch sehr knackig, um nicht zu sagen, es hatte warmes Wasser nur von Weitem gesehen. Und bei den Kartoffeln fragten wir dann erst einmal nach, ob das im Ganzen gebratene Kartoffeln seien. Nein, es sollten ganz einfach gekochte Kartoffeln sein. Als unser Matrose dann nachfragte, wie es denn komme, dass die Kartoffeln so angebraten aussehen, da meinte der Koch nur: „Warum? Wenn das Wasser aus dem Kochtopf verdampft ist, dann sind die Kartoffeln gar, oder nicht?" Wir schauten uns an und fragten uns, wer hier der Koch ist. Aber er konnte noch eins draufpacken.

Von Bordeaux aus sind wir nach Carrera gefahren, um dort Marmorsplitt zu laden. Alleine die Fahrt durch die Straße von Gibraltar war schon ein Erlebnis, das mich damals wie heute faszinierte.

Auf der einen Seite Europa mit Tarifa und Gibraltar. Und auf der anderen Seite Afrika mit Tanger und Ceuta. Hinzu kommen die vielen Frachter und Passagierschiffe und mittendrin unsere Freunde, die Fischer. Auch wenn meine erste Durchfahrt mitten in der Nacht war und ich extra dafür aufstehen musste, ich werde sie nie vergessen. Eine sternenklare Nacht, die Lichter der Schiffe, der Städte und Ortschaften der beiden Kontinente. Es war wieder einer dieser Augenblicke, die man in sich aufnehmen muss. Diese Momente kann man nicht mit dem Fotoapparat festhalten, man kann sie nicht beschreiben, diese Momente kann man nur ganz tief im Herzen aufnehmen. Und in Momenten wie diesen, da weiß man, warum man sich die lange Abwesenheit von zu Hause auferlegt. Da weiß man, dass man so etwas in einem normalen bürgerlichen Leben nie erleben würde.

Nun war ich also zum ersten Mal in meinem Leben im Mittelmeer. Am nächsten Morgen gab es viel Sonne, blauen Himmel und eine blaue See. Vor unserem Bug sprangen Delfine und ich war zufrieden. Nein, ich war glücklich und superzufrieden. Wir erledigten wie immer, wenn wir auf See waren, Schiffsinstandsetzungs-arbeiten. In diesem Fall hatten wir am Vormittag den Rost entfernt und nun am Nachmittag hatten wir mit dem Malen angefangen. Am Morgen bei der Coffeetime fragte uns der Koch, ob wir eine Leine für ihn hätten. „Wofür brauchst du die denn?", fragten wir und er meinte, dass er was daran befestigen wollte. „Ja, haben wir, und wie dick und lang soll sie sein?", fragten wir den Koch, damit wir ihm seinen Wunsch erfüllen konnten. Sie sollte so um die zwei Zentimeter dick und etwa zwanzig Meter lang sein. Wir schauten uns fragend an, aber gut, sollte er sich doch mit so einem Teil abmühen. Wir würden uns das am Abend mal anschauen. Wir brachten ihm die gewünschte Leine zum Mittag mit. Und unser Koch freute sich. Nach der Mittagspause fingen wir nun also mit dem Malen an. Gegen vierzehn Uhr rief uns der Kapitän plötzlich und fragte, ob wir eine Festmacherleine austörnen. Das muss man sich wie folgt vorstellen. Das eine Ende der Leine wird an Bord belegt und der Rest wird achtern (hinten) bei Vorausfahrt über Bord gefiert. Dadurch, dass die Leine nun lang hinter dem Schiff hergezogen wird, werden die Verdrehungen, die in der Leine sind, heraus gedreht und es erhöht sich die Verwendbarkeitszeit. Doch wir konnten diese Frage nur verneinen. Da gab uns der Alte die Aufgabe nachzuschauen, ob wir uns vielleicht etwas am Anker, auf dem Wulstbug oder in der Schraube eingefangen hatten. Also gingen wir los und sahen nach. Es dauerte auch gar nicht lange, da fand unser Leichtmatrose eine Leine am achteren Schanzkleid (geschlossene Reling).

Sie war gut verknotet und wurde hinterm Schiff durch das Wasser gezogen. Was uns dabei schon spanisch vorkam, war, dass es die Leine war, die wir dem Koch am Mittag gegeben hatten. Mit vereinten Kräften zogen wir die Leine an Bord und wir staunten nicht schlecht, als wir sahen, was am anderen Ende dranhing.

Es waren der Braten- und der Kartoffeltopf. Gerade in diesem Moment kam der Koch um die Ecke und meinte, wir sollten doch die Töpfe wieder über Bord werfen. Wir fragten zusammen und fast im gleichen Klang: „Und wofür soll das gut sein?"

„Tja", sagte er, „ich wasche gerade meine Töpfe damit. Ist doch ganz logisch, dadurch, dass sie im Wasser sind, werden sie schön eingeweicht, und durch die Fahrt, die wir machen, scheuert das Salzwasser allen Dreck ab!" Wir schauten den Koch an, wir schauten uns an und der Matrose meinte nur: „Okay, nun lasst uns mal alle zusammen zum Kapitän auf die Brücke gehen." Der Koch bekam einen Anschiss, der es in sich hatte. Wie sagen wir in der Seefahrt so schön, er wurde mal richtig eingenordet. Und in Carrera konnte er von Bord gehen. Oder anders gesagt, der Alte hatte dem Koch 'nen Sack gegeben.

Leider konnte die Reederei in der kurzen Zeit keinen neuen Koch auftreiben. Und der Logik halber darf man dreimal raten, wer in die Kombüse musste. Richtig, der Moses!! Also hatte ich noch mehr von diesem Abenteuer. Ich versuchte, mich dagegen zu wehren, indem ich vorbrachte, dass ich die Kartoffeln im Wasser anbrennen lassen würde, weil ich keine Ahnung vom Kochen hätte. Doch das zählte nicht, schließlich müsse ein Seemann auch in der Not kochen können. Also belegte ich einen Crashkurs bei allen Besatzungsmitgliedern. Und unser Alter sagte mir, er werde auch von Zeit zu Zeit bei mir in der Kombüse vorbeischauen und mir Tipps geben.

Also fing ich an, mich in mein Schicksal zu fügen. Kartoffeln schälen und kochen, okay, das konnte ich, einen Braten bekam ich vielleicht auch noch hin, Gemüse kochen und etwas salzen, gut, ging auch noch, aber was ist mit 'nem Salat bzw. dem Dressing? Nee, da musste ich nun passen. Aber alle wollten mir ja helfen und somit fing ich an. Braten, Kartoffeln, Gemüse, alles lief und klappte perfekt. Als Salat, hatte ich mir gedacht, versuche ich mal 'nen Möhrensalat. Ich putzte die Möhren und raspelte sie. Das kostete fast mehr Zeit als alles andere zusammen. Zum Glück kam gerade der Kapitän vorbei. Ich fragte ihn: „Kapitän, können Sie mir mal kurz helfen, ich habe da ein kleines Problem?" „Klar", kam die Antwort, „was haste denn?" „Nun, ich habe kein Essig gefunden, sondern nur Essigessenz und ich weiß nicht, wie viel ich davon reintun muss." „Och, gib mal her, Jung!" Der Alte nahm die Buddel und goss mal kräftig was in die Schüssel, in die ich bereits Zwiebeln, Öl, Salz, Pfeffer und ein wenig Zucker getan hatte. „So", meinte er, „das müsste reichen.

Nun verrühr das mal schön und dann passt das schon." Okay, ich tat, wie gesagt. Zum Glück hatte ich oft bei meinen Eltern aufgepasst und war somit etwas skeptisch, was diese Mischung anging. Ich probierte nur ein ganz wenig und ich hätte mich fast übergeben müssen, so zog sich mir der Mund zusammen. Aber ich hatte schon einen Plan, schließlich war es kurz vor der Coffeetime.

Die anderen kamen und ich fragte, ob mal einer probieren könne. „Klar", sagte der Matrose, „ich muss mir nur die Hände waschen." Ich muss sagen, wo immer ich auch war, einen Kollegen hat man nie im Stich gelassen, frei nach dem Motto „Einer für alle und alle für einen". Ich sagte darauf: „Ach, mach dir keine Umstände, ich gebe dir mal 'ne Gabel voll. „Mmmhh, meinst du?", kam die Antwort. „Ja, kannst ruhig probieren, hat der Alte gemacht!" „Ach so, na dann gib mal her!" Für die Antwort wurde die Gabel dann extravoll. Dieses Gesicht, das folgte, war einfach herrlich. Ich konnte mir das Brüllen nicht verkneifen. Mir liefen die Tränen und der Matrose rannte zur Toilette. Nach zehn Minuten kam er wieder und ich lachte immer noch Tränen. Nur dass in der Zwischenzeit die anderen Jungs auch wissen wollten, was los war, und ich kein Wort rausbrachte. Ich hatte Bauchschmerzen vor Lachen. Und als ich unseren Matrosen sah, kam ein erneuter Lachanfall. Nachdem ich mich beruhigt hatte, habe ich zusammen mit dem Matrosen den Vorfall geschildert und wir mussten zusammen lachen.

Die anderen probierten ebenfalls, aber vorsichtig und wussten nun, wovon wir sprachen. Doch wir wollten noch eins drauflegen. Wir beschlossen, dass wir den Salat in Portionsschälchen auf den Tisch in der Offiziersmesse stellen wollten, und dann sollte der Alte mal zuschlagen. Wir freuten uns schon spitzbübisch, als der Alte an der Kombüse erschien. Ich hatte den Tisch eingedeckt und den Salat in der Schale schon an seinen Platz gestellt. Er setzte sich und ich brachte ihm das andere Essen, das mir sogar gelungen war. Die anderen Jungs gesellten sich zu mir in die Kombüse und wir warteten darauf, dass der Alte losrennen oder losprusten würde.

Doch es dauerte. „Okay", sagten wir, „der wird erst alles andere essen und dann den Salat quasi als Nachtisch." Und somit warteten wir gespannt weiter. Doch nach 'ner halben Stunde kam der Alte raus und meinte, es hätte gut geschmeckt. Damit ging er auf seine Kammer und schloss die Tür. Wir sagten uns, der hat den Salat vorsichtig probiert und dann stehen lassen. Doch wir wurden eines Besseren belehrt. Er hatte alles verputzt. Der Teller und auch das Schälchen waren leer. Und es gab auch keine Blumen in der Messe, somit konnten wir es ausschließen, dass er den Salat im Blumentopf entsorgt hatte.

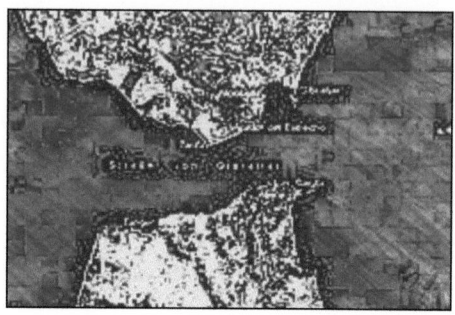

Was ein Moses mit königlicher Erde zu tun hat

Wir brachten den Marmorsplitt nach Deutschland und fuhren dann nach Foway, um dort in eine Charter zu gehen. Diese Charter sah vor, dass wir zehn Fahrten von Foway nach Genua mit Chinakleie unternahmen. Foway sollte später einer der Plätze werden, die durch das Fernsehen bekannt wurden, da dort ein Teil der Rosamunde- Pilcher- Filme gedreht wurde. Ein nettes, verschlafenes Örtchen, das mir gefiel und an das ich mich wohl mein Lebtag erinnern werde. Wir liefen ein und haben alles fürs Laden am nächsten Tag vorbereitet. Nach dem Abendessen sind wir gemeinsam an Land gegangen und haben uns ein Pub gesucht, zwei, drei Biere getrunken, ein wenig Billard gespielt und sind gemeinsam um dreiundzwanzig Uhr an Bord zurückgekehrt. Wir haben geladen und Chinakleie nach Genua gebracht. Dort habe ich mich übers Wochenende mal geschichtlich gebildet. Und habe mir das Geburtshaus von Kolumbus angesehen. Danach ging es mit einer Zwischenladung wieder zurück nach Nordeuropa und dann erneut nach Foway. Auch dieses Mal wieder das gleiche Spiel. Festmachen, vorbereiten fürs Laden, Abendessen und gemeinsam an Land gehen.

Dort gab es diesmal etwas mehr Bier, da unser Leichtmatrose am Tag zuvor Geburtstag gehabt hatte. Um zweiundzwanzig Uhr hatte ich einen tiefen Punkt erreicht und wollte nur noch in die Koje. Also verabschiedete ich mich und machte mich auf den Heimweg. Nach etwa fünf Minuten fing die Blase an zu drücken. Ich fand auch einen stämmigen Baum. Ich begab mich dahinter, öffnete die Hose und lenzte die Vorpiek. Oh Mann, das tat gut. Ich war fertig und kam um den Baum herum. Da stand da ein Bobby und der meinte nur: „Two Pounds please!" Häh, was will der von mir? Bahnhof! Ich fragte ihn, was er wolle, denn ich würde momentan nicht verstehen, was er von mir wolle. Seine Antwort war lapidar: „Four Pounds, please!" „Hey, was willst du?", schoss es mir nur durch den Kopf. Also habe ich ganz höflich meine Frage wiederholt und seine Antwort war schon fast wie eine Schallplatte mit einem Sprung, nur dass sich die Zahl änderte. Seine Antwort: „Eight Pounds, please!" Ich verstand es nicht und schüttelte den Kopf. Da meinte der Bobby: „Sixteen Pounds!" Nein, es kam kein „Please". Ich schaute ihn nur fragend an und hob die Arme ein wenig seitlich, um mit meiner Gestik klarzumachen, dass ich ihn nicht verstand. Und eh ich mich's versehen konnte, waren da noch zwei weitere Bobbys und ich wurde abgeführt und aufs Polizeipräsidium, oder wie auch immer man es nennen möchte, gebracht.

Dort bekam ich ein feines Einzelzimmer mit schwedischen Gardinen, einer Pritsche und einem Thron in der Ecke. Ich wusste immer noch nicht, warum ich nun hier saß. Ich grübelte noch 'ne ganze Weile. Vor allem, wie ich meinen Kapitän informieren konnte, damit der Agent mir vielleicht irgendwie aus der Patsche helfen konnte, von der ich noch nicht einmal wusste, in welcher ich mich befand. Aber das Einzelzimmer war sogar mit Frühstück gebucht worden. Danach wurde ich aufgefordert mitzukommen. Es war gerade sieben Uhr durch. Ich bat, dass man an Bord Bescheid geben würde. Ich bekam keine Antwort. Aber man muss mich wohl verstanden haben; wie ich später erfahren habe, wurde denen an Bord mitgeteilt, wo ich mich befand. Man setzte mich in einen Wagen und ich wurde durch die Gegend kutschiert. Nach einer Stunde musste ich aussteigen und wurde in ein unattraktives Gebäude gebracht. Wie sich herausstellte, war dort das Gericht. Ich stand im Gerichtssaal und der Richter erzählte einiges, wovon ich aber nicht viel mitbekam, außer meinem Namen und dass ich nicht zahlen wollte und irgendwas mit König oder Sonstiges. Das Beamtendeutsch ist schon schwer zu verstehen, aber das hier, mit meinem Englisch? Nee, das ging gar nicht. Also stand ich da und auf einmal ging die Tür auf. Zumindest ein bekanntes Gesicht kam herein. Es war der Agent. Er sprach mit dem Richter. Der gab ihm eine kurze Antwort und der Agent sagte: „Yes, he will pay!" Aber wofür, verdammt?! Irgendwie war ich schlau genug, in diesem Moment die Klappe zu halten. Der Agent zahlte für mich zweihundertsechsundfünfzig englische Pfund, was damals einen Wert von über eintausend Mark hatte.

Als ich beim Agenten im Auto saß, fragte ich ihn, was diese Nummer nun zu bedeuten hätte. Er erklärte mir, dass ich angeklagt wurde, die königliche Erde beschmutzt zu haben, und mich geweigert hätte, die geforderte Summe zu zahlen. Ich sagte ihm, dass das nicht stimme. Ich hätte mich erkundigt, wofür ich zahlen solle, und, ohne mir etwas dazu zu sagen, habe man den Wert einfach verdoppelt. Er meinte, da könne er nun auch nichts mehr machen und ich solle froh sein, dass ich so gut davongekommen sei. Bis heute habe ich es nicht verstanden, dass in England einem Angeklagten nicht erklärt wird, warum er etwas zahlen soll. Aber man kann sich vorstellen, dass an Bord das Gelächter groß war. Na, zumindest hatten die Jungs ihren Spaß.

Ich ging in die Maschine, in der ich jetzt wieder eingesetzt war, seitdem wir einen neuen Koch hatten, und grollte noch den Tag herum. Am Abend beim Feierabendbier ging es mir dann schon etwas besser. Und als wir ausliefen und Richtung Süden unterwegs waren, ging es von Stunde zu Stunde besser. Unser neuer Koch war Ghanese, sprach aber sehr gut Deutsch und er konnte sehr gut kochen. Wir hatten Lissabon bereits passiert, als wir wieder beim Feierabendbier auf der Kammer des Matrosen zusammensaßen. Draußen war es dunkel und wir unterhielten uns unter anderem über die Beschmutzung königlicher Erde. Ich war gerade beim zweiten Bier, als ich draußen ein Unterhemd vorbeilaufen sah.

Ich sagte nichts und versuchte mir nichts anmerken zu lassen. Ich behielt das Fenster im Auge und nach einer Weile kam ein erneutes weißes Unterhemd vorbei. Ich hatte ja schon von weißen Mäusen gehört, aber weiße Unterhemden? Ich sagte zu den Jungs: „Also, ich will ja nicht sagen, dass ich besoffen bin oder dass ich einen an der Murmel habe, aber da läuft zum zweiten Mal ein weißes Unterhemd vorbei!" Das Gelächter war groß und alle hockten sich vors Fenster und warteten. Und siehe da, es lief ein weißes Unterhemd vorbei.

Plötzlich gab es kein Gelächter mehr. Der Bootsmann meinte: „Los, raus, das müssen wir uns näher anschauen." Wir also raus und wir warteten auf das weiße Unterhemd. Und da kam es auch schon an. Was soll ich sagen, da es dunkel war, um nicht zu sagen: schwarz wie die Nacht. Und unser Koch auch, da sahen wir nur sein weißes Unterhemd vorbeilaufen. Wir fragten ihn, was er denn mache. Er meinte nur: „Ich jogge ein wenig an Deck!" Wir konnten uns das Lachen nicht verkneifen und haben uns danach erst einmal ein kühles Beck's gegönnt.

Der Thunfisch und ein Indianertanz

Auf dem Rückweg von Genua sollten wir in Puerto de Santa Maria Futterexpeller für Deutschland laden. Dies ist ein kleiner Hafen in der Bucht von Cadiz und wird überwiegend von Fischerbooten genutzt. Ansonsten gab es hier zwei größere Hotels und einen superlangen, weißen Sandstrand. Wir waren also nun längsseits an der Pier und haben alles zum Laden vorbereitet. Wir fuhren die Luken auf und von der Landseite wurde ein Förderband herangebracht. Das Förderband stand nun an Land und das eine Ende sollte bei uns über der Luke sein. Doch es war irgendwie nicht lang genug und reichte nur bis zur Mitte des Lukenrandes. Doch das kümmerte die Spanier nicht wirklich. Sie fuhren mit ihren LKWs rückwärts ans Förderband und kippten das Futtermittel auf das Band. Vom LKW kam nur etwa die Hälfte der Menge auch im Laderaum an. Nach dem dritten LKW hörten sie damit auf und beratschlagten, was zu tun sei. Man kam zu der Erkenntnis, dass man ein anderes Förderband brauchte.

Dies wurde auch organisiert, doch es sollte drei Tage dauern, bis es da war. Alles, was an Futtermitteln in unser Gangbord gefallen war, wurde von uns mit Eimern und bei Hand in den Laderaum verfrachtet. Als wir damit fertig waren, kam der Alte mit 'ner Kiste Bier an und sagte, wir sollten die drei Tage am Strand genießen, schließlich hätten wir den Dampfer gut in Farbe und würden auch sonst genug machen. Nun muss man sich das nicht so vorstellen, dass wir einfach frei hatten, wir haben dafür von unseren Überstunden abgebaut, die sich im Monat so auf etwa 190 eingependelt hatten.

Zusammen waren wir fünf Personen und zogen mit unseren Badesachen und der Kiste Bier an den Strand. Da es bis zu den Hotels etwas weiter war, hatten wir den Strand fast für uns alleine und teilten ihn uns nur mit einigen Einheimischen. So lagen wir am Strand, quatschten und gingen von Zeit zu Zeit ins Wasser, um eine Abkühlung zu genießen. Als wir merkten, dass es anfing auf der Haut zu brennen, haben wir beschlossen zurückzugehen, ein wenig zu relaxen, zu Abend zu essen und dann an Land in die Zappelhalle (Disco).

Aber nach dem Essen verspürte ich keine Lust mehr, an Land zu gehen, da mir mein Gesicht schon sehr brannte. Der Steuermann, der auch der Verwalter der Apotheke an Bord ist, gab mir etwas gegen Sonnenbrand und meinte, dass es mich schon kräftig erwischt hatte. Und wie es mich erwischt hatte. Etwa 'ne Stunde nachdem die Jungs gegangen waren, bildeten sich bei mir im Gesicht die ersten Blasen. In der Nacht fiel es sehr schwer zu schlafen, aber was nützt das ganze Gejammer, da hat man selber Schuld und da muss man durch. Ich kühlte das Ganze mit in kaltem Wasser getränkten Handtüchern, und es verschaffte etwas Linderung. Die Jungs haben sich am nächsten Morgen königlich über mein Aussehen amüsiert und ich habe beschlossen, den Tag im Bett zu verbringen. Als es am nächsten Tag besser war, ging ich aufs Achterdeck in den Schatten und sah, dass hinter uns einige Fischdampfer angekommen waren und ihre Ladung mit Netzbroken löschten. Das muss man sich ganz einfach vorstellen.

Unten am Kranhaken hängt ein Netz, in diesem Fall wurde es mit großen Fischen beladen, dann über Land und einem LKW geschwenkt und dort wurde es geöffnet und die Fische fielen in den LKW. Na ja, zumindest die meisten, hin und wieder ging auch mal einer oder zwei daneben. Wenn nun mal was danebenfiel, dann rannte ein Hafenarbeiter hin, schnappte sich den Fisch und schwuppdiwupp war er verschwunden. Aber eben nicht auf dem LKW, sondern in irgendeinem Privatwagen, kleinem Boot oder sonst wo. Ich hatte zwar meine Birkenstockschlappen an, doch konnte ich gut damit laufen, und wenn es sein musste, kletterte ich damit auch auf zwei Lagen von Containern hinauf. Meine Überlegung war nun, konnten auch wir so einen Fisch gebrauchen? Na ja, erst einmal haben. Dann sehen wir weiter. Vor allem wusste ich nicht, was das für ein Fisch war. Immerhin waren sie so groß, dass sie vom Kopf bis zur Schwanzspitze etwa auf über einen Meter achtzig kamen.

Ich begab mich also an Land und schlenderte langsam in die Richtung des Kranes, der die Fische aus dem Bauch der Fischdampfer beförderte. Ich stellte mich in den Schatten des Krans und wartete geduldig. Nachdem zum dritten oder vierten Male Fische heruntergefallen waren, winkte mir einer der Spanier zu und deutete an, ich sollte mir einen schnappen. Was ich bei nächster Gelegenheit auch tat. Puh, war das Vieh schwer! Ich hatte wohl mal wieder zu laut „Hier!" geschrien und einen der extragroßen erwischt. Aber was nützt das Klagen? Wer A sagt, muss auch B sagen, und nun musste ich diesen Brocken an Bord und in die Kombüse bekommen.

Ich hievte mir den Fisch auf die Schulter und kam auch ohne Probleme in der Kombüse an Bord unseres Dampfers an. Ich rief den Koch und sagte ihm, dass ich einen Fisch für ihn hätte. Er freute sich schon, als er den Fisch noch nicht einmal gesehen hatte, und meinte: „Oh Mensch, den kann ich uns am Abend zubereiten. Frischer Fisch, das ist toll." Als er dann in die Kombüse kam, da habe ich zum ersten Mal jemanden gesehen, dem fast die Augen aus dem Kopf gefallen sind. Er riss sie so weit auf, dass ich erschrocken fragte: „Ist der Fisch nicht gut? Kann man den nicht essen?" „Doch, doch", stammelte unser Koch. „Der ist super, gigantisch, toll!" Pause und Staunen. Dann: „Mensch, wo haste den denn her, das ist ja ein Riesen-Thunfisch. Was hast du dafür bezahlt? Sechshundert Mark? Oder mehr?" Nun wurde mir doch etwas anders. Wir beschlossen, diesen Thunfisch in einen Müllsack zu packen und dann im Kühlraum langsam auftauen zu lassen. Der Müllsack sollte das Tauwasser auffangen, damit der ganze Raum nicht so bekleckert werden würde. Also holte der Koch einen Müllsack und hielt ihn auf. Ich packte den Thunfisch am Schwanz, hievte ihn hoch und der Koch zog den Müllsack darunter. Ich fragte den Koch: „Hast du den Müllsack gut im Griff, dann lass ich jetzt los?" „Ja, alles klar!" Ich ließ los und im selben Moment schrie ich auch schon auf.

Ich hüpfte auf einem Bein um den Koch mit seinem Thunfisch im Müllsack und jaulte durch die Gegend. Der Koch sah mich verwundert an und meinte: „Hey, was führst du hier für einen Indianertanz auf?" Als mir keine Tränen mehr aus den Augen schossen und die Schmerzen etwas nachließen, sagte ich zum Koch: „Das blöde Vieh ist durch die Tüte durch und mit seiner gefrorenen spitzen Schnauze auf meinem Zeh gelandet. Und was habe ich an? Japanische Waldbrandaustreter, aber keine Sicherheitsschuhe mit Stahlkappe!" Daraufhin fingen wir beide so sehr zu lachen an, dass die Schmerzen vorüber waren. Am nächsten Tag musste ich dann zum Arzt und der Nagel musste gezogen werden. Ich gab an, dass ich am Strand einen Stein aufgehoben hatte und mir dieser auf den Zeh gefallen war. Da mein Gesicht ja auch gut sonnenverbrannt war, ging es so auch durch. Was hätte ich auch sonst sagen sollen – „Mir ist da ein Riesen-Thunfisch auf den Zeh gefallen!"? Na ja, am Abend gab es dann ganz frisch zubereitetes Thunfischsteak. Wie auch in absehbarer Zeit. So setzten wir unsere Fahrt nach Nordeuropa fort und gingen wieder nach Foway zum Laden. Nur mit dem Unterschied, dass der Bootsmann in Urlaub gegangen war und wir einen neuen bekommen hatten. Irgendwie ein komischer Kauz.

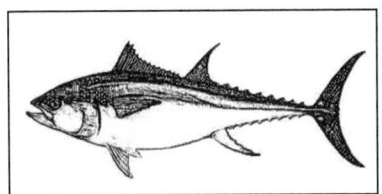

Bis zum letzten Atemzug

In Foway luden wir wieder Chinakleie für Genua und gingen erneut auf die Reise. Unterwegs wehte nun ein anderer Wind. Der Bootsmann schickte uns hin und her und her und hin. Wir haben alles gemacht, was man irgendwie immer hinauszögert und wobei man immer wieder einen Grund findet, um gerade dies nicht zu machen. Wir entluden unsere Chinakleie in Genua und es ging nach Puerto de Carrera, um Marmorsplitt für Hamburg zu laden. Auf dem Wege dorthin war es mal wieder so weit. Wir waren im Laderaum fertig mit Waschen und hatten schon alles aufgeklart und getrocknet, soweit es ging. Da hieß es Schäkel fetten und sortieren. Irgendwie ging es unserem Bootsmann mal wieder nicht schnell genug. Nur bis man so einen verrosteten Schäkel aufbekommt, ihn mit der Stahlbürste gereinigt hat und dann wieder mit Fett zugedreht hat, das braucht halt seine Zeit.

Doch unser Bootsmann war anderer Ansicht, und weil er es uns nicht sagen konnte, nahm er so einen Zehn-Tonnen-Schäkel, welcher ein Gewicht von zwei, drei Kilo hat, und warf damit nach uns. Am Anfang fanden wir es ja noch lustig, aber irgendwann geht einem das schon auf den Senkel. Und genau so einen Moment hatte er nun bei mir erwischt. Ich stand da am Kämpfen mit meinem Schäkel und der Bootsmann hat einen dieser Schäkel nach mir geworfen. Er traf meinen Fuß, der zum Glück in einem Sicherheitsschuh mit Stahlkappe steckte. Aber in solchen Momenten sollte man mich nicht gerade reizen. Doch es war geschehen. Und ohne nachzudenken, bückte ich mich, nahm den Schäkel auf und warf ihn zurück mit den Worten: „Und wenn dir das nicht reicht, dann komm her, dann hau ich dir noch ein paar aufs Maul, oder sprich vernünftig mit uns!"

Ich hätte mit allem gerechnet, aber nicht damit, dass er sagte: „Ist ja gut, mein Kleiner, du hast wenigstens Mumm und traust dir was zu. Du kommst jetzt hierher und hilfst mir, und die anderen sehen zu, dass sie weitermachen!" Also ging ich zum Bootsmann, aber immer noch auf der Hut, denn es hätte ja sein können, dass es noch was auf die Futterluke gab. Aber nein – es war alles gesagt, was gesagt werden musste, und ich machte mich mit dem Bootsmann daran, die Spannschrauben aufzudrehen, zu reinigen und zu fetten. Wie nennt man so etwas? Vom Regen in die Traufe kommen? Nun gut, auch dieser Tag ging vorüber und am Abend klopfte es an meiner Tür. Ich ging hin und öffnete. Vor mir stand der Bootsmann und ich war ehrlich gesagt etwas überrascht. Er sagte nur: „Komm, lass uns aufs Achterdeck gehen und ein Feierabendbier zusammen trinken." Okay, Friedensangebot angenommen. Wir saßen nun also zusammen auf dem Achterdeck und tranken unser Bier. Während wir unsere zwei Biere wegpfiffen, gab es kein weiteres Gespräch. Wir saßen einfach schweigend da und schauten auf unser Heckwasser. Das fand ich voll in Ordnung, denn ich saß gerne hier und schaute ins Fahrwasser. Dabei konnte ich abschalten, meine Gedanken sammeln oder einfach nur die Ruhe genießen. Als wir mit unseren beiden Bieren fertig waren, meinte der Bootsmann: „Moses, du gefällst mir! Du hast Mumm, du sabbelst nicht rum wie so ein Waschweib und du lässt dir nichts gefallen, selbst wenn du den Kürzeren ziehst. Leider habe ich kein Bier mehr. Sonst würde ich noch eins ausgeben, denn mit dir kann man es echt aushalten!" „Macht nichts, Bootsmann, ich hab noch welches da und ich hole uns mal Nachschub." Ich brachte mal wieder vier Bier mit und wir saßen wieder einträchtig da und starrten aufs Wasser.

Ich hatte meins noch nicht ganz zur Hälfte geleert, da sagte der Bootsmann: „Ihr müsst entschuldigen, wenn ich etwas zu hart mit euch umgehe, aber ich bin erst vor vierzehn Tagen aus der Legion entlassen worden und ich habe mich noch nicht ans Zivilistenleben gewöhnt!" Irgendwie hatte ich gerade jetzt das Gefühl, hier nun nicht mehr nachzuhaken. Irgendwann würde ich da sicherlich noch mehr erfahren. Somit sagte ich nur: „Alles klar, Bootsmann, musst dich halt nur nicht wundern, wenn du mal 'nen Knüppel zwischen die Kauleiste bekommst." Er grinste und das Thema war erledigt. Die Tage vergingen und in Hamburg wurde gelöscht. Anschließend haben wir in ein anderes Hafenbecken verholt und Schrott für Polen geladen. Ich wurde nun als der Liebling vom Bootsmann betitelt, denn jeden Abend saßen wir zusammen auf dem Achterdeck und tranken unser Bier, oder wenn das Wetter schlecht war, dann musste ich zum Bootsmann auf die Kammer kommen, um dort das Feierabendbier mit ihm zu trinken. Als wir nun in Danzig ankamen, meinte der Bootsmann, er würde gerne mal mit mir an Land gehen. Ob ich Lust hätte, ihn zu begleiten. Ja, warum nicht? Die anderen hatten keine Lust, an Land zu gehen, und ich hatte keine Lust, an Bord zu bleiben. Vielleicht konnte man ja 'ne Frau klarmachen.

Also stiefelte ich mit dem Bootsmann los und wir fanden in der Altstadt auch eine supertolle Kneipe. Wir tranken ein Bier, bestellten uns was zu essen und danach noch ein schönes Pils. Irgendwann fing eine Unterhaltung mit einem älteren Ehepaar an. Sie sprachen recht gut Deutsch und erzählten uns von ihrer Zeit als Kinder und der Flucht. Sie waren in einem Vorort von Danzig gelandet und dort geblieben, bis zum heutigen Tage. Ab und an kamen sie in die Stadt und gönnten sich einen schönen Abend mit Essen und noch ein, zwei Bier. Gegen zweiundzwanzig Uhr verabschiedeten sich die beiden und gaben uns noch zwei Orte, an denen wir unser Glück versuchen sollten, um noch einen interessanten Abend zu verleben. Jedenfalls wünschten sie uns noch viel Spaß und weiterhin eine gute und sichere Fahrt. Also zahlten wir unsere Rechnung und gingen zu der ersten Adresse. Leider war dort nicht viel los und man sagte uns, dass dort nur am Wochenende was los sei. Also versuchten wir noch die zweite Adresse. Und dort war tatsächlich einiges los. Nach kurzer Zeit kamen wir mit einigen Damen ins Gespräch und wir fühlten uns wohl. Da wir wie üblich am Ende des Tresens saßen, war immer viel Gedrängel um uns herum, da ja jeder mal was bestellen wollte. Wir hatten gerade ein frisch Gezapftes vor uns stehen und amüsierten uns prächtig mit den Damen, als vier Männer um die dreißig zu uns kamen und in gebrochenem Deutsch zu uns meinten, dass wir uns verpissen und die Damen in Ruhe lassen sollten.

Der Bootsmann drehte sich um, stellte sein Bier zu mir und meinte: „Moses, pass mal bitte auf mein Bier auf. Wenn einer versucht, das anzupacken, gib ihm was drauf!" Ich stand auf und meinte: „Ich helfe dir, ich lasse dich doch nicht alleine da durchgehen!" Er grinste mich an und sagte: „Du sollst auf das Bier aufpassen, und wenn ich deine Hilfe brauche, sage ich Bescheid. Am besten, du unterhältst dich mit den Damen, als wenn nichts wäre und es eine ganz normale, alltägliche Situation sei. Je weniger du dir was anmerken lässt und je gelassener du reagierst, umso besser wird es, wenn ich dich rufe. Alles klar?" Nee, eigentlich war mir nichts klar, aber dazu kam ich nicht mehr, das auszusprechen, denn der Bootsmann war schon auf die anderen losmarschiert. Ich bekam noch mit, dass er vor denen stehen blieb, dann drehte ich mich um, zuckte mit den Schultern und unterhielt mich, als wenn nichts vorgefallen sei, mit den Damen. Die wurden nun etwas nervös und trippelten von einem Bein auf das andere. Und ich muss gestehen, dass ich mit mir kämpfen musste, mich nicht umzudrehen. Dann hörte ich es nur noch klatschen und scheppern.

Ich trank ganz genüsslich an meinem Bier, auch wenn ich in dem Moment nicht mal gecheckt habe, dass es Bier war, aber ich sollte cool bleiben. Für mein Erachten war ich cool, sogar eiskalt. Auch wenn ich einen Wespenschwarm im Arsch hatte und eigentlich aufspringen wollte. Nachdem ich dieses Schauspiel drei, vier Minuten durchgehalten hatte, hörte ich meinen Bootsmann nur „Moses, komm mal her!" rufen. Ich stand langsam auf, drehte mich um und glaubte meinen Augen kaum zu trauen. Am Boden lagen sechs Personen, die sich mehr oder weniger mit Schmerzen auf dem Boden drehten und wendeten, und fünf standen noch vorm Bootsmann. Ich stand da und konnte meinen Fuß nicht so richtig vorsetzen. Ich zuckte eigentlich nur etwas mit dem Bein, aber da hörte ich schon von einem der fünf: „Ist schon gut, es tut uns leid, dass wir eine falsche Meinung hatten, und ihr seid heute natürlich unsere Gäste. Lasst uns doch wieder vernünftig miteinander reden!" Der Bootsmann nickte und sagte: „Okay, es ist gut gewesen, aber unsere Rechnung zahlen wir selbst." Er drehte sich um und gab mir nur einen kurzen Wink mit dem Finger, dass ich mich wieder setzen sollte. Ich tat, wie mir angezeigt, und nahm wieder das Gespräch mit den Damen auf. Das war mir echt etwas zu viel. Als der Bootsmann neben mir saß, sein Bier nahm und etwas trank, da meinte er nur: „Die hätte ich locker alleine geschafft, doch bevor noch mehr kommen würden, wollte ich es beenden. Aber keine Angst, bevor die bei dir angekommen wären, hätte ich meinen letzten Atemzug machen müssen." Leider haben sich die Damen dann recht schnell verabschiedet und wir haben keine Chance gehabt, sie noch zu einem Drink zu überreden. Also machten wir uns auch auf den Heimweg. Und wenn man den Abend so im Großen und Ganzen betrachtet, war es ein schöner und gelungener Abend.

Süditalien

Nachdem wir gelöscht hatten, wurde verholt, um wieder Ladung für Südeuropa aufzunehmen. Danach hatten wir erst einmal wieder zehn Seetage, auf denen wir das Schiff in Farbe brachten. Zudem wurde Reinschiff gemacht, das heißt, es wurde alles geputzt und gewienert. So ging es unserem nächsten Bestimmungshafen Crotone entgegen. Für mich war die Fahrt durch die Straße von Gibraltar wie immer ein Ereignis und ich konnte mich mal wieder nicht sattsehen an den Lichtern. Dann kam endlich der südliche Zipfel von Italien in Sicht und kurze Zeit später hatten wir auch den Ortskundigen, den Lotsen, an Bord. Wir liefen ohne Probleme ein. Die Einklarierung ging schnell und wir erfuhren, dass erst am nächsten Tag mit den Löscharbeiten begonnen werden sollte.

Also ging es nach dem Abendessen unter den Strahl, es wurde genug Nuttendiesel (Parfüm) aufgelegt und man ging gemeinsam an Land. Wir liefen einmal durch den Ort und genossen die Atmosphäre auf der Piazza. Dort suchten wir uns ein nettes Lokal und einen Tisch, von dem aus wir das Treiben auf der Piazza gut betrachten konnten. Ich liebte es damals wie heute, einfach in einem Straßencafé zu sitzen, einen Kaffee zu trinken und die Menschen zu beobachten, die an einem vorübergehen. Dies kann ich auch durchaus über zwei, drei Stunden mit wachsender Begeisterung machen. Aber an diesem Abend lag etwas Besonderes in der Luft. Noch heute kann ich mich an diesen warmen, aber milden Abend erinnern, als wenn es gestern gewesen wäre.

Es roch nach Süden, nach Oleander, nach Rosmarin und Thymian, es lag Musik in der Luft, die von den umliegenden Cafés ausging, und es war das Zirpen der Grillen zu hören. Die Stimmen der vielen

Menschen, die in einem schnellen Italienisch sprachen, und es wurde langsam dunkler. Eine Stimmung, wie ich sie gerne habe. Ich sog dieses ganze Geschehen einfach in mich auf und konnte mich vor lauter Begeisterung gar nicht an den Gesprächen am Tisch beteiligen. Es war schon dunkel, die Straßenlaternen waren bereits angegangen und alle waren bester Stimmung. Da verabschiedeten sich unser Kapitän, der Steuermann, unser Chefingenieur und unser Bootsmann. So blieben nur der Matrose, der Leichtmatrose und ich zurück. Wir bestellten uns noch etwas zu trinken und unterhielten uns über Gott und die Welt.

Nach einer Weile wurden wir von einer jungen Dame angesprochen, die sich erkundigte, ob die Stühle bei uns noch frei wären. Sicher, die könne sie ruhig haben. Doch wir täuschten uns. Sie wollte die Stühle nicht an einen anderen Tisch mitnehmen. Sondern sie und drei weitere junge Frauen setzten sich zu uns an den Tisch. Wie immer nahm ich mir die Zeit, eine nach der anderen zu betrachten. Doch ich kam nur bis zu Nummer drei. Dort blieb mein Herz fast stehen. Sie war ein wahr gewordener Traum auf Italienisch. Als diese junge traumhafte Erscheinung sich nun auch noch neben mich setzte, da fing mein Herz an zu rasen. Puh, was wurde es auf einmal warm. Sie war 1,60 m bis 1,65 m groß, hatte lange dunkle, glatte Haare, die ihr bis zur Hälfte der Schulterblätter gingen, dunkle Augen und ein Gesicht ähnlich einer Porzellanpuppe. Ihre Lippen waren eher schmal, doch sie hatte ein bezauberndes Lächeln und strahlend weiße Zähne.

Alles war perfekt, nur dass für meinen Geschmack ein wenig Holz vor der Hütte fehlte. Wir kamen ins Gespräch und hatten trotz der sprachlichen Probleme sehr viel Spaß. Erst als uns der Kellner nichts mehr zu trinken bringen wollte und wir uns umsahen, stellten wir fest, dass wir die letzten Gäste im Lokal waren. Es war schon nach zwei Uhr in der Früh, doch wir hatten keine große Lust, diesen schönen Abend zu beenden. Wir fragten die Damen, wo denn noch was los sei, und sie meinten, dass wohl alles schon geschlossen habe. Da haben wir die Damen an Bord eingeladen, allerdings auch gleich darauf verwiesen, dass wir keinen Wein hätten, sondern nur Bier und Hochprozentiges (seit diesem Zeitpunkt habe ich nun immer eine Flasche Wein auf der Kammer stehen). Aber es war in Ordnung. Nur eine der Damen meinte, dass es an der Zeit sei, nach Hause zu gehen, und dass sie uns nicht begleiten würde.

Wir gingen an Bord und ich habe mich sehr intensiv mit Tiziana, meiner traumhaften Italienerin, unterhalten. Ich kann nicht sagen, wieso oder warum, aber wir haben es an Bord nicht einmal mehr geschafft, uns auf einer Kammer oder in der Messe zu verabreden. Ich wollte zu meiner Kammer gehen, um was zu trinken zu holen, und Tiziana ist mir gefolgt. Wir gingen auf meine Kammer und ich drehte mich halb herum, um das Licht einzuschalten.

Da nahm sie mich in den Arm und gab mir einen Kuss, dass mir die Spucke wegblieb. Ich zog sie weiter in meine Kammer und ließ das Schott zufallen. Sie roch so fein und ihr kräftiges Haar fühlte sich so unglaublich an. Unsere Lippen konnten sich nicht voneinander trennen und ganz langsam zogen wir uns gegenseitig aus. Meine Hände und Lippen erkundeten ihren perfekten Körper immer weiter. Und als das letzte Kleidungsstück fiel, legte ich Tiziana auf das Bett und meine Zunge fand den Weg zu ihrer süßen, feuchten Liebesspalte. Oh Mann, diese Frau raubte mir den Verstand. Sie verstand es perfekt, mich süchtig zu machen. Nachdem ich sie eine Weile mit meiner Zunge verwöhnt hatte, packte sie meine Haare und zog mich an den Haaren hoch. Unsere Lippen fanden sich und genauso wie sich unsere Lippen fanden, fand mein Schwanz den Weg in die Grotte ihrer Weiblichkeit. Langsam und voller Genuss schob ich mich Zentimeter für Zentimeter in sie hinein. Nach einer Weile bekam Tiziana einen Orgasmus, durch den alle ihre Muskeln anfingen zu zucken. Da konnte auch ich mich nicht mehr zurückhalten und schoss ihr meine ganze aufgestaute Lust tief in die Lustspalte. Wir liebten uns noch drei weitere Male diese Nacht. Da uns am nächsten Morgen keiner weckte, schliefen wir bis zum Mittag, und bevor wir aufstanden und sie gehen musste, liebten wir uns noch einmal. Wir verabredeten uns für den Abend im gleichen Lokal, in dem wir uns kennen gelernt hatten. Ich wartete den ganzen Abend und auch den Abend darauf, aber Tiziana ist nicht erschienen. Ich war wieder einmal sehr geknickt, als es dann hieß: Leinen los. Und auch die Versuche der Besatzung mich aufzuheitern misslangen. So fuhren wir nach Neapel, um dort Futtermittel für Deutschland zu laden.

Beim Laden sahen wir dann, dass wir Fischmehl luden, und dieses sollte nach Brake gehen. Es war eine unspektakuläre Reise, selbst die Straße von Gibraltar schaffte es diesmal nicht, mich aufzuheitern. So, wir erreichten nach einigen Seetagen Brake und fingen auch gleich mit den Löscharbeiten an. Beim Ecken-Ausfegen wurde ich dann vom Bootsmann geschnappt und komplett mit Fischmehl eingerieben und mein Overall steckte ebenfalls von unten bis oben voll mit dem Zeug. Als ich dann wieder etwas sehen konnte und auch etwas Luft ohne Fischmehl dazwischen bekam, ging ich zum Bootsmann, um mich zu revanchieren. Leider ist es beim Versuch geblieben und ich wurde nochmals einer Einseifkur mit Fischmehl unterzogen. Selbst drei Tage und unzählige Duschen danach roch ich immer noch sehr stark nach Fisch. Doch ich war wieder gut gelaunt und hatte Lust, neue Abenteuer zu erleben.

Der Aufstieg

Wir fuhren dann nach England, um Schrott für Rostock zu laden. Auf der Fahrt nach England wurde ich auf die Brücke zum Kapitän geschickt, der mir dann mitteilte, dass ich nun offiziell das zweite Lehrjahr und damit den Rang eines Jungmanns erreicht hätte. Er riet mir, ich solle bleiben, wie ich bin, und mein Ruder auf diesem Kurs halten. Ich bedankte mich und schrieb gleich mal ein Ticket mit Bier und Schnaps. Somit konnten wir am Abend ein wenig meinen Aufstieg feiern. Schrott-Laden ist nicht wirklich etwas Spektakuläres und somit verging die Zeit mit den täglichen Arbeiten. Kurz vor Rostock erfuhr ich, dass ich in absehbarer Zeit in den Urlaub gehen sollte. Momentan konnte man mir noch nicht sagen, wo das wäre, denn die nächste Fahrt würde das erst entscheiden. In Rostock wurde dann der Schrott gelöscht und wir fuhren nach Finnland, um Holz oder genauer gesagt: Baumstämme zu holen, um diese nach Amsterdam zu bringen.

In Turku angekommen, lernte ich dann die Sauna kennen. Wir durften die firmeneigene Sauna der Holzfabrik benutzen. Das hatte schon etwas. Und da ich eine Sauna zu diesem Zeitpunkt noch nicht kannte, war es für mich schon ein interessantes Erlebnis. Vor allem als ich ins kalte Wasser sprang und mir keiner zuvor gesagt hatte, dass es sich um eisiges Wasser handelt. Auf jeden Fall hatten die anderen mal wieder ihren Spaß. Aber wie heißt es so schön, wer zuletzt lacht, lacht am besten. Nach dem Saunagang gingen wir an Bord und machten uns landfein. Die Fabrikarbeiter nahmen uns mit in die Stadt und zeigten uns die angesagten Kneipen der Stadt. Wir verabredeten uns mit einigen von ihnen zu einem späteren Zeitpunkt. Bis dahin wollten wir die Zeit nutzen und zu Fuß etwas durch die Stadt zu laufen. Als wir zur verabredeten Zeit an der verabredeten Kneipe ankamen, standen schon zwei von den Arbeitern dort und zu unserer Überraschung hatten sie auch einige Frauen im Schlepp.

Wir gingen in die Kneipe und haben erst einmal eine Runde getrunken, um dann festzustellen, dass man Bier in Finnland nicht in der Kneipe trinken sollte. Ein Bier lag hier im Kostenspiegel von einer Kiste Bier an Bord. Und Bier war das teuerste Getränk, das wir an Bord führten. Somit beschlossen wir, die Arbeiter und ihre weibliche Begleitung einfach zu uns an Bord einzuladen, um unsere Vorräte zu vernichten. Wir haben uns dann mit 18 Personen in zwei PKWs gedrängt und sind an Bord gefahren. Dort gab es in der Messe eine schöne Party und es wurde sogar ein wenig getanzt. Ich habe mich an diesem Abend mit Mirjam, der ältesten Tochter eines Holzarbeiters, sehr angeregt unterhalten. Die anderen fingen mit dem zweiten Bier an und Mirjam und ich haben uns auf meine Kammer in die Stille der Zweisamkeit zurückgezogen. Sie war eine langhaarige blonde Schönheit, knapp unter 1,70 m groß, mit sehr weiblichen Rundungen und einem Hintern, der versprach, dass er auch kräftigere Stöße aushalten kann. Mit Mirjam hatte ich einfachen, aber guten Sex. Sie blieb die ganze Nacht und am Morgen haben wir uns ganz innig verabschiedet. Sie sagte, sie wolle versuchen, am Abend wiederzukommen, könne es aber nicht versprechen.

Als Mirjam gegangen war, ging ich in die Messe oder besser gesagt: den Schlachtplatz, der mal unsere Messe gewesen war. Ich fing an, ein wenig aufzuklaren und Reinschiff zu machen. Nach einer Stunde war ich so weit, dass man am Tisch sitzen konnte, ohne dass man noch irgendwo festklebte und ohne auf einer leeren Flasche zu sitzen. Zu diesem Zeitpunkt kam der Koch, der doch recht zerknittert aussah, aber wer so am Morgen aussieht, hat den ganzen Tag, um sich zu entfalten. Er machte mir meine Spiegeleier und 'nen frischen Kaffee, wollte aber irgendwie nicht in ein Gespräch verwickelt werden. Da wir es nun fünf vor acht Uhr hatten und von den Jungs noch keiner an Deck war, habe ich mich dazu berufen gefühlt, den heutigen Weckdienst zu übernehmen. Ich nahm mir aus der Kombüse eine große Pfanne, eine große Schöpfkelle und ging zur Kammer des Bootsmannes. Ich öffnete die Tür und stellte das grelle Neonlicht der Deckenleuchte an. Der Bootsmann lag schnarchend in seiner Koje und träumte anscheinend noch von schönen Dingen. Doch nicht mehr lange. Ich schlug die Kelle mehrmals mit aller Kraft auf die Pfanne und brüllte, so laut es ging: „Reise, Reise, aufstehen, die Pier steht voller nackter Weiber. Seemann, hol auf den Anker! Reise, Reise, aufstehen!", und schlug erneut mehrmals kräftig mit der Kelle auf die Pfanne. Der Bootsmann saß kerzengrade in seiner Koje und wusste weder, wo vorn noch achtern, geschweige wo Steuerbord oder Backbord ist. Aber so schnell er auch hochgeschossen kam, so schnell ließ er sich auch wieder fallen und maulte nur: „Raus, oder ich trete dir in den Arsch!" Also war er zumindest einmal wach und ich setzte meinen Weckgang mit der gleichen Prozedur beim Matrosen und Motormann fort. Aber sie schienen nicht ganz so angeschlagen zu sein. An diesem Tag habe ich versucht meine Antworten immer in einem Kasernenton an den Bootsmann zu richten. Es machte mir einen höllischen Spaß, ihn jedes Mal zucken zu sehen.

Am Abend hatte ich dann eine sehr angenehme und auch große Überraschung. Damit hatte ich irgendwie nun gar nicht gerechnet. Vor mir stand Mirjam und wir verbrachten eine wundervolle Nacht mit dem Austausch von Körperflüssigkeiten und Zärtlichkeiten. Leider legten wir am nächsten Nachmittag ab. Doch ich empfand meinen Auftakt in Finnland als sehr gelungen.

Auf dem Wege nach Amsterdam fuhren wir in den Nord-Ostsee-Kanal. Dazu mussten wir wieder in die Schleuse bei Kiel. Dort hieß es wieder ab zum Kiosk, einkaufen und ein Schleuseneis. In unserer

Schleuse lagen drei Schiffe, die in den Kanal wollten, und in der anderen Schleusenkammer fuhren gerade einige Schiffe raus, da diese den Kanal schon geschafft hatten und nun auf die Ostsee rauswollten. Wir kamen vom Kiosk zurück und unser Koch stand auf dem Achterdeck und unterhielt sich mit einem Koch von einem der Schiffe, die ausgehend waren. Das war eigentlich ganz normal, dass man sich auf dieser Distanz von etwa siebzig Metern einige Neuigkeiten zurief.

Wir bekamen gerade noch mit, wie der Koch vom anderen Schiff rief, dass er Geburtstag gehabt hätte und die Jungs ihm eine Gummipuppe geschenkt hatten. Unser Koch solle doch mal kurz warten. Daraufhin sprintete der Koch vom anderen Schiff auch schon los. Wir warteten natürlich gespannt. Denn wir haben schon gehofft, dass er uns seine Gummipuppe zeigen würde. Doch die Nummer war dann etwas härter, als wir gedacht hatten. Der Koch vom anderen Schiff kam zurück auf die achtere Luke, warf die Puppe auf den Lukendeckel, zog die Hose runter und fing an in der Schleuse seine Gummipuppe zu vögeln. Mittlerweile hatten auch die anderen Schiffe und Offiziere der Schiffe mitbekommen, was los war. Selbst als die Schleusentore öffneten, setzte sich keiner in Bewegung, um eine Leine loszuschmeißen. Als der Koch mit seinem Showfick auf der Luke fertig war, gab es von allen Schiffen tosenden Applaus und jedes Schiff hat auch noch einen Ton mit dem Typhon, dem Schiffshorn, gegeben. Erst danach machten sich die Besatzungen daran, die Leinen zu lösen und ihre Fahrt fortzusetzen. In Amsterdam wurde ich dann von einem andern Jungmann abgelöst und ich wurde von einem Büroangestellten nach Hause gefahren.

Urlaub in Paris

So verbrachte ich nun erst einmal einige Tage damit, zu Hause auszuschlafen, mein Geld von der Firma abzuholen und einfach mal schön shoppen zu gehen. Doch wie im ersten Urlaub wurde es bald langweilig. Das kann einer, der seiner geregelten Arbeitszeit nachgeht, einfach nicht verstehen. Nur, wenn man so lange daheim ist und alle Freunde und Bekannten arbeiten, dann fühlt man sich irgendwie sehr einsam. Doch am Wochenende war das alles wieder vergessen und somit ging es wieder einmal auf die Piste. Wir trafen uns wie immer am Freitagabend in unserer Stammdisco und plauderten so über Gott und die Welt. Bis einer von meinen Landfreunden sagte: „Boah, Mann, ist das langweilig hier!" Wir schauten ihn an und fragten, was er habe. Er sagte nur: „Schaut euch doch mal an, wir hängen hier rum, nichts passiert, außer dass wir uns die Birne zulöten, und am Montag hängen wir wieder in der Tretmühle!" „Ja, okay! Aber was sollen wir deiner Meinung nach machen?" „Keine Ahnung, aber irgendwas sollten wir unternehmen." In diesem Moment spielte der DJ den Song „In einem Taxi nach Paris".

Wir schauten uns an und einer meinte nur: „Wart ihr zum Frühstück schon mal auf den Champs Elysees in Paris?" Wir schüttelten nur gemeinsam den Kopf. „Hat einer Bock von euch darauf?" Klar, ich war dabei und noch einer. Nur der, der am lautesten gejammert hatte, der war nicht mit von der Partie. Manfred, Thomas und ich gingen also in mein Auto, holten die Ausweise, tankten voll und auf ging's. Nach nur acht Stunden erreichten wir Paris. Nach weiteren zwei Stunden fanden wir die Champs Elysees und einen Parkplatz bei einem Café. Wir fanden ein nettes Café und eigentlich fehlte nur noch der französische Bäcker aus der Fernsehwerbung. Dann wäre das Klischee perfekt gewesen. Einer von uns sprach etwas Französisch und wir bestellten uns ein königliches Frühstück. Dort saßen wir nun. In der Hauptstadt von Frankreich.

In einer der bekanntesten Straßen, zwar hinter der Glasscheibe, aber wir genossen die Sonne und das pulsierende Leben der Stadt, die nie schlief oder die schon erwacht war. Das hatte schon etwas. Während wir unser Frühstück einnahmen, füllte sich das Café und an den Tisch neben uns setzten sich vier Damen. Und wie sollte es auch anders sein, irgendwie verstand ich mich mit einem der netten Wesen ohne ein Wort und nur mit leichten Zeichen. Sie sagten irgendetwas zu uns und unser Freund wurde nun als Dolmetscher gebraucht. Nach nur einigen Minuten schoben wir die Tische zusammen und unterhielten uns in einem Kauderwelsch aus Deutsch, Französisch, Englisch und Zeichensprache.

Nach einiger Zeit fragte diese süße junge Dame, mit der ich zuvor Augenkontakt gehabt hatte, ob ich denn kein Französisch spreche. Als mein Freund ihr ein klares Nein sagte, da fiel es mir wie Schuppen von den Augen. Ich legte ihm meine Hand auf die Schulter und sagte ihm, er solle ihr doch bitte sagen, dass ich Französisch perfekt beherrsche, nur mit der Aussprache würde es noch hapern. Er brauchte einige Zeit, um es ihnen zu erzählen, doch das Gelächter hinterher war groß. Und zur Antwort bekam ich nur: „Das werde ich aber überprüfen wollen!" In einem Deutsch, dass es mich fast vom Stuhl gehauen hat. Doch nachdem ich kurz geschluckt hatte, meinte ich nur:

„Okay, können wir zu dir gehen, oder kennst du hier um die Ecke ein nettes Hotel?" Sie gab mir keine Antwort. Sie stand auf, nahm meine Hand und meinte nur: „Treffen wir uns alle um fünfzehn Uhr wieder hier!" Damit zog sie mich auch schon aus dem Café. Bis zu ihrer Wohnung war es nicht weit und unterwegs erfuhr ich, dass ihr Großvater aus Deutschland komme und sie daher so gut Deutsch könne.

In ihrer Wohnung angekommen, fielen wir übereinander her. Unsere Münder fanden sich und wollten sich nicht mehr voneinander lösen. Die Zungen verführten wahre akrobatische Leistungen. Nach und nach zogen wir uns gegenseitig die Kleider aus. Nachdem alle Hüllen gefallen waren, lösten sich unsere Lippen und die meinen gingen auf Wanderschaft, um ihren süßlich riechenden Körper zu erkunden. Dieser war sehr schlank und kraftvoll. Ganz langsam wanderten meine Lippen an ihrem Hals hinunter, dabei hatte ich viele der langen blonden Haare zwischen den Lippen. Zwischendurch knabberte ich leicht an ihrer Haut und ein leiser Ton des Hochgenusses verließ ihren Mund. Meine Hände glitten langsam und parallel mit meinen Lippen an den Außenseiten ihrer Schultern entlang, während sich meine Lippen den Weg zum Busen der Natur suchten. Dort angekommen, umspielte ich ihre schon zu leichten Eisbergen aufgerichteten Nippel mit der Zunge. Nach einer Weile sog ich den ersten Nippel in den Mund, wobei sich meine Zunge weiterhin darum bewegte und ich langsam anfing zu saugen. Später begann ich abwechselnd an ihren Brustwarzen zu knabbern. Langsam gingen meine Lippen erneut auf Wanderschaft in die tieferen Regionen des weiblichen Körpers. An ihrem Bauchnabel hielt ich kurz inne, um meine Zunge nur leicht hineingleiten zu lassen. Sachte ging es weiter, und als meine Lippen den Rand der Schamhaare erreicht hatten, ging es wieder aufwärts. Ihr Atem ging schneller und es war ein Ton zu hören, der einen leicht enttäuschend Einschlag hatte.

Erneut hielt ich an ihrem Bauchnabel inne, aber nur um dann erneut in Richtung Schamhaaransatz zu wandern. Diesmal ging ich tiefer und meine Zunge fand die Knospe der Lust, die schon recht stark angeschwollen war. Nur einige vorsichtige Zungenschläge später wanderte ich tiefer und meine Lippen genossen es, sich mit ihren Schamlippen zu vereinigen. Als ich ihr meine raue Zunge leicht zwischen die Lippen schob, stöhnte sie auf und ihr Körper bog sich mir entgegen.

Ihr Liebessaft schmeckte so betörend, dass auch ich immer nervöser wurde und mich kaum noch zurückhalten konnte. Mein Steifer pulsierte und wollte nur noch in diese wunderbare Frau eindringen. Doch ich beherrschte mich und verwöhnte sie noch eine Weile mit meinen Lippen, der Zunge, dem Atem und meinen Fingern.

Erst als sie meine Haare packte und mir den Kopf hochzog und hauchte: „Ich will dich jetzt spüren", da habe ich aufgehört, sie zu verwöhnen, und ich habe keinen Hehl mehr daraus gemacht, dass auch ich in diesem Moment nichts anderes auf der Welt wollte, als mich mit ihr zu vereinigen. Ich drang langsam in sie ein und genoss es so unendlich, wie sie mich langsam umschloss und in sich aufnahm. Mann, so geil war es schon lange nicht mehr gewesen und es kam, wie es kommen musste, ich kam und konnte nichts dagegen unternehmen. Doch ich spürte, dass auch sie im selben Moment einen Orgasmus bekam. Doch es tat nichts zur Sache. Nur kurz verweilte ich ganz tief in ihr drin, bevor ich erneut anfing, mich in ihr auf und ab zu bewegen. Nach kurzer Zeit drehten wir uns gemeinsam um und sie war nun in der Reiterstellung und konnte das Tempo und die Härte bestimmen. Während sie sich auf mir bewegte, ließ ich meine Hände über ihren Rücken, ihren Hals, ihren Busen und ihre Schenkel gleiten. Wir liebten uns, als wenn es kein Morgen mehr geben würde. Und als wir nach langer Zeit kamen, sackte sie auf mir zusammen und kuschelte sich an meine Brust und genoss es, dass meine Brusthaare sie so weich betteten. So blieben wir eine ganze Weile liegen und mein halb steifer Penis steckte immer noch in ihr. Plötzlich schoss sie hoch und meinte, es sei bereits vierzehn Uhr dreißig. Wir sollten aufstehen und duschen, damit wir zumindest halbwegs pünktlich ins Café kommen würden. Also gingen wir unter die Dusche. Doch unser Plan ging leider nicht auf. Ich stand hinter ihr, ihr süßer Hintern berührte nur ganz eben meine Oberschenkel und der lauwarme Wasserstrahl tat sein Übriges dazu.

Ich hatte eine wunderbare Latte und das entging ihr natürlich nicht. Sie stützte sich mit den Händen an der Wand ab, stand mit leicht geöffneten Beinen vor mir und rieb ihren perfekten Hintern an meinem Steifen. Ich ging ein wenig in die Knie und drang von hinten in ihre nasse Muschi ein. Nachdem wir erneut einen Orgasmus gehabt hatten, duschten wir und kamen auch nur eine knappe Stunde zu spät.

Unsere Freunde hatten ein recht breites Grinsen im Gesicht, doch keiner sagte etwas. Wie sich später herausstellte, würde Manfred noch über Jahre nach Paris fahren und auch Thomas sollte noch des Öfteren in Paris zu finden sein.

Eigentlich war geplant gewesen, am Samstag zurückzufahren, doch wir blieben bis Sonntag. Und am Wochenende drauf waren wir drei wieder in Paris.

Sonnenuntergang bei Skagen

Das letzte Wochenende, bevor es nun wieder auf See gehen sollte, war Clara bei mir und ich zeigte ihr, wo und wie ich lebte. Sie war bereits am Mittwoch mit der Bahn angereist und ich hatte ihr alles gezeigt. Klar, so ein kleines Dorf hatte nicht das zu bieten, was eine Stadt wie Paris zu bieten hat, doch es war auch für sie eine wunderbare Zeit. Am Samstag setzten wir uns ins Auto. Ich hatte uns Decken, etwas zu essen und zu trinken sowie eine Flasche Champagner und dazugehörende Gläser eingepackt. Wir fuhren erst in Richtung Osten und dann noch eine ganze Weile gen Norden. Als wir am Ziel ankamen, war auch schon fast die Zeit erreicht, die ich mir erhofft hatte. Wir nahmen unsere Decken, unser Essen, Trinken und die Flasche Champagner mit. Wir gingen zum Strand und setzten uns auf die Decke.

Wir schauten aufs Wasser. Bald würde die Sonne im Meer versinken und wir würden einfach nur zusammen und glücklich sein. Selbst die untergehende Sonne hatte eine Überraschung für uns, denn sie ging blutrot im Meer unter. Wir tranken unseren mitgebrachten Champagner und genossen unsere Zweisamkeit. Wir sprachen nicht viel, denn wir hatten beide irgendwie das Gefühl, dass dies unsere letzte gemeinsame Aktion werden würde. Wir liebten uns die ganze Nacht am Strand und schliefen zusammengekuschelt mit dem Beginn des neuen Tages in den Decken ein.

Wir wurden geweckt, als es belebter am Strand wurde. Als wir wach waren, gingen wir noch kurz ins kalte Wasser der Nordsee und danach suchten wir uns ein feines kleines Café und frühstückten herzhaft. Weder Clara noch ich hatten es eilig zurückzufahren. Doch irgendwann mussten wir fahren. Es herrschte eine eigenartige Stimmung und wir sprachen nicht viel. Irgendwie konnten wir kein Gespräch aufbauen.

Als wir noch etwa 50 Kilometer zu fahren hatten, sah ich, wie ihr eine Träne über die Wange herunterlief. Ich hielt bei der nächsten Möglichkeit an, nahm sie in den Arm und sagte: „Warum weinst du, meine schöne Pariserin? Wir haben uns doch schon oft verabschiedet! Auch diesmal wird es nicht anders sein!"

„Doch", sagte Clara, „es wird anders sein! Ich werde dich nicht wiedersehen, denn ich bin einem anderen versprochen und ich werde ihn in zwei Wochen heiraten!" Wums – das saß. „Ich wollte es dir schon längst sagen, doch ich konnte nicht, es ist so – so einzigartig mit dir! Und ich habe die Hoffnung nicht aufgegeben, dass ich dich behalten kann, doch es geht nicht!" Ich konnte nur noch ganz kleinlaut fragen: „Und warum geht es nicht?" „Es geht nicht. Aber glaube mir, ich liebe dich und nun hoffe ich, dass ich von dir schwanger geworden bin, denn ich möchte ein Kind von dir und dafür habe ich die Verhütung abgesetzt!"

Danach wurde es ruhig. Noch ruhiger als zuvor. Die letzten Kilometer bin ich irgendwie wie in Trance gefahren und der Abschied war lang und schmerzvoll. Selbst Thomas und Manfred haben Clara nie wieder in Paris gesehen, und wenn sie ihre Freundinnen auf Clara angesprochen haben, gab es keine Antwort.

Doch wie ich es bereits gelernt hatte, ich musste abschalten, auch wenn es mir schwerfiel, aber in der Seefahrt kann man sich sonst nicht über Wasser halten. Und so ging es wieder los. Welche Abenteuer würden noch für mich bereit sein?

Äquatortaufe

Ich kam auf ein Schiff, ein sogenanntes RoRo-Schiff. Es wird so bezeichnet, weil es die Aufbauten meist vorne hat und hinten eine große Klappe oder auch Tor, so dass dort Autos, LKWs oder sonstige Ladung hinein- und hinausrollen kann. Zudem hatte es noch zwei Vierzig-Tonnen-Kräne auf einer Seite, somit war man sehr unabhängig, was die Ladungsübernahme oder Ladungsabgabe anging.

Mit diesem Schiff fuhren wir nach Pointe-Noire (Kongo, Afrika), um dort einiges an Baumaschinen auszuliefern und um von dort Holz nach Leixões in Portugal zu bringen. Doch es ist allen bekannt, dass man, wenn man nach Pointe-Noire fährt, auch über den Äquator kommt. Somit wurde auch ich diesem Ritual unterzogen. Es war heftig, aber wir haben es überlebt und vor allem hat es Spaß gemacht. Aber so was kann ein Schreibtischtiger wohl gar nicht oder nur schwer nachvollziehen.

Der Tag der Äquatortaufe näherte sich und am Morgen jenes Tages wurden die Täuflinge in einen Zwanzig-Fuß-Container an Deck eingesperrt. Wir hatten zum Glück gut gefrühstückt. Doch schon um zehn Uhr herum wurde es sehr stickig und vor allem sehr warm im Container. Gegen zwölf Uhr wurden wir dann aus dem Container herausgeholt und man gab uns zuerst einmal eine Flasche Wasser. Dieses war jedoch mit Wodka vermischt und somit hatte man schon einen im Tee, bevor die eigentliche Taufzeremonie vonstattenging. Nachdem wir getrunken hatten, wurden wir Neptun und seinem Gefolge gegenübergestellt. Es war eher ein Hinschleifen als Gehen. Aber als wir nun unseren Alten und den Bootsmann dort verkleidet sahen, fingen wir erst einmal herzhaft an zu lachen. Daraufhin meinte Neptun nur: „Euch wird das Lachen schon noch vergehen!" Uns wurden die

T-Shirts vom Körper gerissen und es gab ein halbes Dutzend Schläge mit der Neunschwänzigen. Die gehört nicht mehr zur Grundausstattung eines Schiffes, aber für so einen Anlass wird gerne eine gebaut. Und es gab auch schon heftig rote Striemen auf dem Rücken. Da ich von dem Wasser-Wodka-Gesöff aber schon jenseits von Gut und Böse war, konnte ich einfach nicht aufhören zu lachen. Daraufhin wurde ich von Neptun angesprochen und gefragt: „Möchtest du noch ein Dutzend, oder möchtest du dich mit Bier freikaufen?" Unter Lachen sagte ich: „Ich zahle eine Flasche Bier."

Bevor ich weiterreden konnte, gab es bereits die nächsten Schläge. Langsam verstummte mein Lachen und es wurde sehr unangenehm auf meinem Rücken. Nachdem ich meine zwölf Schläge eingesteckt hatte, wurde ich erneut von Neptun gefragt, ob ich ein weiteres Dutzend möchte. Ich sagte: „Ich zahle fünf Kisten Beck's!"
Ich hörte Neptun sagen: „So möge er nun als Wurm durch den Tunnel kommen!"

Ich wurde zum Ende der auf dem Lukendeckel ausgebreiteten Fulbrass (aus Persenning genähter, etwa fünf bis sechs Meter langer Sack, zum Ende hin sich verjüngend; normalerweise am Heck des Schiffes angebracht, um die Essenreste zu sammeln und diese auf Hoher See zu entsorgen) gebracht und auf die Knie gezwungen. Man hielt mir das Ende auf und ich musste hineinkriechen. Es roch ein wenig streng, doch ich kroch hinein, denn ich hatte nicht vor noch mehr zu zahlen. Man hatte mich an meiner Ehre gepackt. Nachdem ich etwa einen Meter geschafft hatte, kam von vorne viel Wasser auf mich zugeschossen. Vorne an der Fulbrass hatte man zwei Feuerlöschschläuche der C-Größe angebracht und diese nun unter Wasser gesetzt. Ich brauchte eine Ewigkeit. Und es brannte auf meinem Rücken, aber ich schaffte es bis vorne an. Dort angekommen, wurde ich gleich auf die Beine gezogen und vor Neptun gebracht.

Neptun sprach erneut zu mir: „Gut, diese Übung hast du bestanden! Nun seift ihn ein, wascht ihn und trocknet ihn!" Im gleichen Moment wurde ich gepackt und auf den Lukendeckel niedergedrückt. Man legte mir einen Lastengurt um die Füße und schon wurde ich mit den Füßen zuerst hochgezogen. So hing ich da nun frei schwebend herum, doch bevor ich mir überlegen konnte, was mit mir geschah wurde ich mit Olivenöl übergossen und damit wohl bedacht eingeschmiert Ich war von oben bis unten, oder muss ich jetzt sagen: von unten bis oben, voll Olivenöl. Danach hielt man zwei Feuerlöschschläuche auf mich drauf und ich wurde gründlichst abgewaschen. Ich drehte mich schon durch den Wasserdruck um meine Achse. Und mir wurde auch schon ganz anders zumute. Doch ich zwang mich, nichts zu sagen. Ich hatte mir geschworen, ich schaffe das. Nach einer Weile hörte die Dusche auf und ich blieb zum Trocknen hängen. Nun wurden erst einmal die anderen durch die Fulbrass geschickt.

Ich war halbwegs trocken und hatte in der Zwischenzeit die Übersicht verloren, wo oben und unten war. Man ließ mich langsam runter und zwei Matrosen schnürten mich auf einem Stuhl fest. Neptun stellte sich zu mir und sprach: „Du bist ein guter Seemann und darum sollst du dich nun vor der nächsten Aufgabe stärken dürfen!" Ich hatte keine Chance, etwas zu sagen. Da wurde mein Kopf bereits nach hinten gezogen, mein Kinn aber wurde runtergezogen. So hatte ich unfreiwillig den Mund geöffnet und einer flößte mir einen undefinierbaren Brei aus Butter, Mayonnaise, Chili, Tabasco, Pfeffer und Salz ein. Es brannte im Rachen, aber ich musste schlucken, wenn ich Luft wollte. Als ich Neptuns Meinung nach genug Stärkung bekommen hatte, kam er zu mir und sprach: „Bevor ich dich, oh stolzer Seemann, in mein Reich der südlichen Halbkugel willkommen heiße ‚wirst du dich unseren gepflogenheiten anpassen." Kaum hatte er dies ausgesprochen, kamen auch schon seine Lakaien an und schoren mir den Kopf kahl. Dann riss man mir den Mund erneut auf. Man stopfte mir eine Pille von der Größe eines Golfballs in meinen Mund. Doch dieser schmeckte ganz angenehm. Ich würde fast sagen, nach Marzipan mit Chili und Tabasco drin.

Als diese Köstlichkeit runter war, stand Neptun erneut vor mir und sprach: „Nun sollst du noch in der dunklen Farbe der Erde deine Taufe erhalten." Unter großem Gejohle wurde ich von oben bis unten mit schwarzer Schuhcreme angemalt. Nun war ich froh, zuvor ein Olivenölbad bekommen zu haben. Denn diejenigen, die da aus Angst schon Bierkisten gezahlt hatten, hatten hinterher einiges mehr zu schrubben, um die Schuhcreme abzubekommen. Sobald ich schwarz war, brachte man mich zum Pool und ich wurde hineingeworfen. Ich hatte keine Kraft mehr, um mich noch groß zu wehren. Somit musste ich es über mich ergehen lassen, dass ich einige Male für längere Zeit untergetaucht wurde. Nach dem vierten Mal wurde ich aus dem Pool gezogen und vor Neptuns Füßen auf den Boden niedergelassen. Neptun sprach zu mir: „Du hast alle Prüfungen überstanden und dich tapfer geschlagen. Ich taufe dich auf den Namen ‚Fliegender Fisch'! Du darfst nun auf der südlichen Erdhalbkugel verweilen. Nimm zum Zeichen der Ehre einen Schluck!" Neptun hielt mir eine Flasche hin und ich nahm einen Schluck. Doch es war wohl eher ein ganz großer Schluck. Der Abend wurde noch lang und die nachfolgende Feier dauerte bis zum nächsten Morgen.

Erst am Tag darauf ging alles wieder seinen normalen Gang. Wir fuhren nach Pointe-Noire, fingen an zu löschen, und bevor es weiterging, kamen schon wieder viele neue Ereignisse auf mich zu.

Kakerlakenrennen

Man wird schon etwas komisch, wenn man zu lange in der Sonne verweilt. In Pointe-Noire haben es die Kakerlaken irgendwie geschafft, an Bord zu kommen. Doch bevor wir uns diesen Viechern widmen konnten, mussten wir erst einmal diesen Hafen überstehen. Es gab zwar eine Zutrittsbeschränkung zum Schiff, aber man konnte es nicht wirklich kontrollieren und so kam, was kommen musste. Innerhalb kürzester Zeit waren mehr als fünfzig Personen an Bord. Sie klauten, oder ich sage höflicherweise: sie entwendeten alles, was nicht angeschweißt war. In den Laderaum konnten wir nur gehen, wenn einer der Offiziere mit der Schrotflinte oben am Lukensüll (Lukenrand) Wache schob und auf uns aufpasste. Aber nach drei Tagen und einigen materiellen Verlusten hatten wir auch dies geschafft. Wir waren auslaufklar.

Direkt vor dem Auslaufen wurde nochmals das ganze Schiff durchsucht. Hier konnte man nicht vorsichtig genug sein, was blinde Passagiere anbetraf. Doch wir fanden nichts. Als wir uns in der Ausfahrt befanden, kam uns ein Boot (eine Art Einbaum) mit starkem Außenborder entgegen. Kurz vor unserem Bug fing man an, auf uns zu schießen. Der Alte war geistesgegenwärtig und änderte den Kurs so, dass dieses Boot gerammt wurde und man nicht mehr auf uns schoss. Die hatten jetzt damit zu tun, an Land zu schwimmen.

Wir fuhren weiter und es trat langsam das ruhige wohlbekannte Leben eines Seemannes ein. Am nächsten Tag wurden wir zu Kammerjägern und versuchten die Kakerlaken zu erwischen. Man muss sagen, das war gar nicht so einfach, weil diese Viecher so verdammt schnell sind. Sonst sind sie harmlos, doch sie laufen sehr schnell und laut. Dies ist vor allem des Nachts sehr unangenehm.

In der Mittagspause kam der Bootsmann auf die Idee, dass ein jeder von uns sich zwei, drei Kakerlaken einfängt, um diese am Abend für sich ins Rennen zu schicken. Er erklärte uns, dass wir uns nach Feierabend eine Rennbahn bauen würden. Etwa einen Meter lang, und alle, die eine Kakerlake ins Rennen schicken wollten, würden eine eigene Laufbahn bekommen. Also wurde am Nachmittag nicht nur einfach Jagd auf Kakerlaken gemacht. Nein, es wurde Jagd auf schnelle Kakerlaken gemacht. Die langsamen wurden einfach platt gedrückt. Am Abend hatte jeder mindestens fünf Kakerlaken. Wir trafen uns im Kabelgatt (ganz vorne im Schiff unter der Back), dort bauten wir uns unsere Rennbahn. Nun sagte der Bootsmann: „Bevor es losgeht, soll ein jeder sich eine Farbe aussuchen und seiner Kakerlake damit einen kleinen Punkt auf den Rücken malen. Somit können wir sie auseinanderhalten, falls sie mal über die Rennbahn hinausschießen." Wie gesagt, so gemacht, und schon fünf Minuten später ging das erste Rennen los. Die Regeln waren einfach. Auf drei wurden die Kakerlaken losgelassen, und derjenige, dessen Kakerlake als Letzte ins Ziel kam oder gar in eine andere Rennspur wechselte, der musste 'ne Runde Bier ausgeben. So verbrachten wir jeden Abend bis Conakry im Kabelgatt unzählige Stunden. Und es dauerte eine ganze Weile, bis wir dort einlaufen konnten. Zuerst mussten wir wieder vierzehn Tage am Haken (Anker) liegen. Als wir dann im Hafen eingelaufen waren, waren wir oben an Deck auf der dritten Lage von Containern. Wir saßen nun ganz oben auf den Containern und entlaschten diese oberste Containerlage, die ineinander mit sogenannten Bridgefittingen verbunden und gesichert ist. Diese kann man sich leicht vorstellen, sie sehen aus wie zwei abgestumpfte Haken, die mit einer Gewindestange verbunden sind. Diese werden oben auf einem Container eingehakt, zum andern rübergelegt und auch dort eingehakt und dann festgezogen. So ein Fitting wiegt gut und gerne sechs, sieben Kilo.

Als wir nun dort oben saßen und unserer Arbeit nachgingen, versuchte uns ein Einheimischer einen Rettungsring zu entwenden. Darüber war der Bootsmann gar nicht erfreut und warf demjenigen einen dieser Fittinge hinterher und traf ihn auch am Bein. Unser Rettungsring blieb an Bord und der Getroffene humpelte von Bord. Nun war unser Bootsmann auf eine neue Idee gekommen. Er erklärte uns eine neue Rennsportart. Ganz einfache Regeln. Da wir am Abend auslaufen sollten, mussten wir eh dafür sorgen, dass keine blinden Passagiere an Bord sein würden. Also, warum sich nicht unbeliebt machen? Unser Bootsmann erklärte uns das Spiel. Jeder suchte sich einen von den Einheimischen aus, die unten am Heck im Schatten der letzten Containerreihe standen. Da die genau unter uns waren, war der Rest einfach. Man musste nun einen der Fittinge neben seinen ausgesuchten Läufer werfen, um diesen zu erschrecken. Je dichter dies geschah, desto effektiver. Allerdings gab es die Regel, dass man keinen treffen darf. Das Ziel war, derjenige, der den Läufer hatte, der als Letzter die Gangway runterrauschte, der musste das Auslaufbier bezahlen. Somit suchte sich jeder von uns einen Läufer aus und zielte. Wir brauchten nicht zu werfen, sondern nur fallen zu lassen.

Der Bootsmann zählte: „Eins, zwei, drei", und 'ne Sekunde später donnerte der erste der Fittinge aufs Lukendeck. Die anderen knallten gleich darauf auf die Lukendeckel. Und siehe da, es kam Bewegung in die Masse. So schnell ein jeder nur konnte, rannte er zur Gangway. Unser Kapitän, der in der Nock stand und das Spiel nicht mitbekommen hatte, wunderte sich nur, dass plötzlich fünfundzwanzig, dreißig Personen über die Gangway runterrannten und auch nichts mitgenommen hatten.

Vorm Auslaufen hatten wir keine blinden Passagiere gefunden und so gingen wir zum Abendessen, um danach dann ein Bier zu trinken.

Beim Essen fragte uns der Alte, wer denn das Kakerlakenrennen verloren habe. Nun, wir drucksten etwas rum, doch dann erzählte der Bootsmann ihm, dass wir heute kein Kakerlakenrennen, sondern ein „Wie komme ich schnell von Bord?"-Rennen veranstaltet hatten. Er schaute uns nur fragend an und meinte: „Dann war das eure Aktion, als die alle von der Gangway gestürmt sind?" „Juph, Kaptain! Das waren wir!" Dann beichteten wir ihm, was wir gemacht hatten. Er schimpfte mit uns, musste insgeheim aber wohl doch lachen, denn ein stärkeres Grinsen konnte er sich nicht verkneifen. Nachdem wir unseren „Anschiss" bekommen hatten, meinte er nur, dass er zum Abschluss unserer Afrikafahrt die Kiste Bier zahlen würde.

So fuhren wir langsam nach Leixões und von dort nach Lissabon, meiner so geliebten Traumstadt.

Grillbananen

Auch wenn es nicht immer besonders angenehm in Afrika war, so hat es doch ein Gutes gehabt. Ich habe mir von dort ein echtes Seefahrerrezept mitgebracht, welches ich auch heute noch anwende.

Wir haben uns dort unten mit Bananen eingedeckt. In einer Unmenge, die mich, wenn ich heute daran denke, den Kopf schütteln lässt. Ich hatte ja nur eine Bananenstaude, andere hingegen haben sich zwei, ja sogar drei Stauden besorgt. Und wer je eine ganze Bananenstaude gesehen hat, der weiß, wie viele Bananen man essen muss, um diese zu vernichten. Als wir damit an Bord kamen, sah das so aus wie in der Werbung das mit dem Titel „We have no Bananas Wir liefen im Gänsemarsch hintereinander und jeder trug seine Bananenstaude auf einer Schulter an Bord.

Das Problem begann eigentlich erst, als wir die Bananen an Bord hatten. Wo sollten wir die Bananen stauen? Im Kühlraum ging nicht, denn da hatte der Koch ja seine Sachen gelagert. Aber ich fand eine ganz passable Lösung. Ich hängte sie an der Dusche auf, das hatte nur den Nachteil, dass ich, wenn ich auf die Toilette musste, diese erst etwas zur Seite schieben musste. Dafür überwog aber der Vorteil. Zum einen, man konnte unter der Dusche auch mal 'ne Banane essen, und der andere, eigentlich noch viel wichtigere Punkt war auch gleichzeitig etwas Stylisches. Ich nutzte die Bananenstaude gleichzeitig als Zeitungsständer.

Doch ich wollte ja von dem Rezept berichten. Nach einer Weile musste man nun ja zusehen, wie man dieser Bananen Herr wird. Wir fingen also an, damit unsere Mahlzeiten zu verfeinern. Aber das war nicht das Wahre. Doch beim Barbecue, also beim Grillen, kam uns die Idee.

Wir haben versucht, die Bananen zu grillen. Was am Anfang natürlich mächtig in die Hose ging, da der Grill viel zu heiß war. Aber zum Schluss war das schon nicht schlecht. Nur, man musste die Banane dann mit dem Löffel essen. Zudem fehlte noch das gewisse Etwas. Aber wir wären keine Seeleute, wenn wir nicht auch dies gelöst hätten.

Wir schnitten die Banane an der Innenbiegung der Länge nach auf. Nur so weit, dass wir gerade durch die Schale kamen. Dann haben wir diese vorsichtig auseinandergezogen und die Banane noch etwas mehr gebogen. Der so entstandene Leerraum wurde mit Rum gefüllt. Nun wurde die Banane so auf dem Grill platziert, dass sie nicht umfiel, und man wartete, bis die Banane innen schön matschig ist beziehungsweise bis die Schale schön schwarz ist. Dann nimmt man die Rumbanane vom Grill und löffelt diese aus. Aber Vorsicht beim Nachmachen. Der Rum kann sich leicht auf dem Grill entzünden, und wenn man die Banane vom Grill nimmt, kann man sich schnell einmal die Finger verbrennen. Und, wie gesagt, man sollte es erst machen, wenn man mit dem Grillen fertig ist, da sonst die Glut einfach zu stark ist und die Banane verbrennt.

Teetrinken in der Wüste

Von Lissabon aus ging es mit Hilfsgütern nach Nouakchott (Mauretanien, Afrika). Ja, schon wieder eine Fahrt nach Afrika. Dort mussten wir drei Wochen auf Reede liegen und warten, bis wir an den Steg durften. Diesen Steg muss man erlebt haben. Da ist eine drei Kilometer lange, gerade Konstruktion in den Atlantik getrieben worden. An dieser Stegmauer liegen die Schiffe ungeschützt im Atlantikschwell und die Leinen brechen im Stundentakt. Zumindest ist man hinterher fit im Spleißen einer Festmacherleine. Die ersten drei Tage bekam keiner von uns ein Auge zu. Denn es wurden alle Mann an Deck benötigt. Zwei, um die Leinen zu spleißen, zwei, um die Löscharbeiten zu überwachen, einer an der Gangway, der Kapitän auf der Brücke und der Chefingenieur in der Maschine, um für den Fall der Fälle sofort reagieren zu können.

Nach drei Tagen ließ der Schwell nach und die Leinen brachen nicht mehr. Somit kamen wir etwas zur Ruhe und bekamen auch mal 'ne Mütze voll Schlaf. Am fünften Tag ging ich in meiner Pause in die Kombüse, machte mir heißes Wasser und verwahrte es in einer Thermoskanne. Diese Thermoskanne sowie eine Teekanne, eine Teetasse und einige Kekse packte ich in eine Tasche und meldete mich zum Landgang ab. Der Alte schaute mich nur an und fragte, was ich denn in der Wüste wolle. „Einfach nur an Land!", war meine Antwort und er meinte nur: „Aber dir ist klar, dass da auf den nächsten 15 Kilometern nichts außer Sand und Sonne ist?" „Ja, Kaptain, das ist mir klar!" Auf dem Weg raus schnappte ich mir noch einen Regenschirm und trottete los. Am Strand angekommen, bog ich von der Straße ab und folgte dem Strand eine Weile.

Als ich eine schöne Düne fand, erklomm ich diese und setzte mich auf deren Spitze. Ich packte meine Sachen aus und machte mir einen Tee.

Da die Sonne wieder brannte, war der Sand sehr warm, um nicht zu sagen: heiß. Somit würde mein Tee zumindest schön warm bleiben. Ich stellte die Teekanne in den Sand, spannte meinen Schirm auf und genoss den Blick übers Wasser. So verbrachte ich da eine Stunde mit meinem Tee und den Keksen und sinnierte darüber nach, ob sich Robinson Crusoe wohl so gefühlt hat, als er erkannte, dass er alleine auf einer Insel gestrandet war. Als ich meinen Tee aufhatte, ging ich zurück an Bord.

Der Kapitän sah mich an und meinte nur: „Na, so langsam steigt uns wohl die Sonne zu Kopf." Wer kann das schon beantworten? Ist es die Sonne, der Schlafentzug, oder sind es die Umstände der Umgebung? Denn seitdem ich in dieser Gegend unterwegs war, wusste ich, man musste sogar die letzte Schraube festschweißen, denn alles, was nicht niet- und nagelfest war, wurde geklaut. Es war auch das erste Mal in meiner Seefahrtzeit, dass die Zugänge abgeschlossen wurden und jeder von uns einen Schlüssel hatte, um in die beziehungsweise um aus den Aufbauten herauszukommen. Nach acht Tagen an diesem Liegeplatz war es endlich geschafft und wir wurden nach Barcelona beordert, um dort Ladung für Libyen zu nehmen.

Bombenwetter in Libyen

So fuhren wir durch die Straße von Gibraltar und kamen endlich in Barcelona an. Leider hatten wir keine Zeit, an Land zu gehen. Wir sind am frühen Morgen eingelaufen und am späten Abend waren wir bereits mit dem Laden fertig und die Seereise ging los. Eigentlich war es eine unspektakuläre Reise, doch der Hafenaufenthalt war sehr einprägend. Wir sollten einige Tage in Tripolis längsseits liegen und es ging auch alles reibungslos mit der Einklarierung und dem Beginn der Löscharbeiten.

Doch am zweiten Tag unseres Aufenthaltes rief uns der Alte ganz aufgeregt in die Messe. Er ordnete an, dass wir sofort die Manöverstationen vorn und achtern zu besetzen hätten, und wenn keine Leinenleute kämen, dann sollten wir die verdammten Leinen kappen. Wir schauten uns nur fragend an, sagten aber nichts und gingen schnellstens auf die Stationen. Kaum waren wir dort angekommen, gab der Alte auch schon das Kommando, alles loszuschmeißen. Da keine Leinenleute vor Ort waren, nahmen wir die Feueraxt und kappten die Leinen. Als alles los war, die letzten Leinenreste an Deck aufgeschossen waren, gab es das Kommando, das Schiff seefest zu machen. Das heißt, wir schlossen die Luken und sicherten die Ladung. Als wir gerade anfangen wollten, die Ladung zu sichern, rief uns der Kapitän auf die Brücke. Dort erzählte er uns, es sei ein Telex von den Amerikanern reingekommen, in dem stand, dass wir zwei Stunden hätten, den Hafen zu verlassen, da man nach Ablauf dieser Zeit anfangen würde, die Stadt und den Hafen zu bombardieren. Somit habe er sich zu dieser Maßnahme entschlossen. Mehr wisse er im Moment auch nicht, doch sobald er Neues in Erfahrung bringen würde, würde er uns unterrichten. Wir machten uns also auf, die Ladung zu sichern. Kaum hatten wir angefangen, hörten wir draußen schon mächtigen Lärm. Wir sind natürlich wieder aus dem Laderaum raus und aufs Achterdeck. Dort schauten wir zurück und sahen, wie im Hafen und in der Stadt die Bomben hochgingen.

Nach einer Weile gingen wir wieder in den Laderaum und machten unseren Job zu Ende. Wir sicherten die Ladung und gingen dann in die Messe, um einen Kaffee zu trinken. Dort erzählte uns der Kapitän, dass wir im Abstand von zwanzig Meilen vor der Küste auf und ab dampfen würden, um zu warten, wann wir wieder einlaufen könnten. Sobald wir unseren Kaffee aufhatten, gingen wir daran, die Leinen mit neuen Augspleißen zu versehen. Insgesamt blieben wir fünf Tage und Nächte vor der Küste, bevor wir wieder einlaufen konnten.

Als wir nun einliefen, waren wir geschockt, ja fast traumatisiert. Dort, wo wir vor sechs Tagen noch an der Pier gelegen hatten, war nichts mehr. Keine Pier, kein gar nichts mehr. Wären wir nicht informiert worden und hätte der Alte nicht sofort reagiert, wir wären wohl auf dem Grund des Hafenbeckens gewesen. Wir konnten im Hafenbecken nur vor Anker gehen und wurden dann per Barge geleichtert. Jedes Mal, wenn man nun an Deck war und zu dieser ehemaligen Pier schaute, wurde man irgendwie nachdenklich. Und wir schauten oft auf diese Stelle. Nun hatten wir also live erlebt, was es heißt, wenn man Bombenwetter hat. Wir waren alle froh, als wir den Hafen mit Kurs auf Neapel verlassen konnten. Unterwegs erfuhren wir dann vom Kapitän, dass wir in Neapel Ladung für Mogadischu (Somalia, Afrika) nehmen würden.

Der zweite Piratenüberfall

So kam ich nun zum ersten Mal durch den Marlboro-Kanal. So wird bei den Seeleuten der Suezkanal genannt. Denn da kommt erst einmal ein kleines Boot der Hafenbehörde vorbei und die Herren halten nur die Tasche auf. Und wenn man nicht genug Marlboro-Stangen hineinwirft, dann dauert es einfach etwas länger, bis es einen freien Lotsen gibt. Was wiederum zur Folge hat, dass man an den Anker muss und dass man einige Tage warten muss, was wiederum hohe Kosten für den Reeder bedeutet. Doch auch der Lotse und die anderen, die mit an Bord müssen, halten erst einmal die Tasche auf. Und wenn alle befriedigt sind und genug Zigaretten haben, dann wird die Fahrt durch den Kanal begonnen.

Nachdem wir den Kanal passiert hatten, brauchten wir noch zwei weitere Tage, um nach Mogadischu zu gelangen. Wir bekamen einen Liegeplatz und fingen mit dem Löschen an. Doch wir sollten nicht fertig werden. Denn schon drei Stunden später kamen bewaffnete Personen an Bord und trieben uns in der Messe zusammen und wir mussten uns auf den Fußboden setzen. Wer nicht schnell genug war oder irgendetwas sagte, der wurde mit dem Gewehrkolben zusammengeschlagen. Uns wurden die Hände zusammengebunden und zwar so stramm, dass sich schon nach kurzer Zeit ein Gefühl der Taubheit in den Fingern einstellte. Man gab uns nichts zu trinken oder zu essen, und wenn es einem der Piraten in den Kopf kam, dann trat er nach uns oder man schlug nach uns. Wir verloren das Gefühl für die Zeit. Wir waren in der Messe bei Neonlicht und hatten kein Tageslicht. Wenn einem die Augen zufielen, gab es Tritte oder Schläge. Irgendwann haben sie uns Schlingen um den Hals gelegt und das andere Ende über den Tisch gelegt und irgendwo festgebunden. Wenn man nun zusammensackte, weil man einschlief oder gerade Prügel bezog, zog sich die Schlinge enger um den Hals zusammen.

Selbst unsere Notdurft mussten wir an Ort und Stelle verrichten und konnten uns in die Hose machen. Nach drei Tagen schnappte man sich den Kapitän und unseren Leichtmatrosen und verschwand. Wir konnten uns befreien und alarmierten die Reederei. Sie leiteten alles andere ein und wir wurden noch am selben Tag ausgeflogen und kamen etwas lädiert in Deutschland an. Drei Wochen später stieg ich auf ein anderes Schiff ein und wiederum drei Wochen später hörten wir, dass man den Kapitän und den Leichtmatrosen aus der Gewalt der Piraten befreit hatte. Sie waren während ihrer Gefangenschaft unaufhörlich durch die Wildnis geschleift worden.

Flussfahrt

Ich war erneut auf eine Seeschlange gekommen und fuhr erst einmal in der Nord- und Ostsee. Dann sollte ich eine ganz neue Erfahrung machen. Wir sollten mit dem Seeschiff den Rhein bis Kleve hinauffahren. Wir waren in England und fuhren leer bis vor die holländische Küste. Dort bekamen wir einen holländischen Lotsen, der uns bis zur deutschen Grenze den Rhein hinaufbrachte. Dort hat er an einen deutschen Rheinlotsen übergeben. Doch bevor es weiterging, musste erst noch die Aus- und Einklarierung erfolgen. Doch das war anscheinend sehr unproblematisch und somit konnten wir schon eine Stunde später die Fahrt fortsetzen. Wir hatten die Brücke auf das unterste Level heruntergefahren und auch alle klappbaren Masten aufs Deck gelegt. So konnten wir alle Brücken ohne Probleme passieren. Wie gehabt, wurde angelegt und es begann das normale Arbeiten für die Ladungsübernahme. Doch dieses Mal kam ein sogenannter Surveyer an Bord. Er schaute sich genauestens die Reinlichkeit des Laderaums an. Ich hatte so was schon beim Transport von Weizen oder Ähnlichem gesehen, aber bei Stahl hatte ich dies nun gar nicht vermutet.

Wir luden große Stahlrollen für die Industrie in England. Sie wurden sehr gewissenhaft gegen das Verrollen gesichert, so dass man auch bei schwerer See, was im Ärmelkanal nicht gerade selten vorkommt, einigermaßen sicher fahren kann. Wir durften nur bei absolut trockenem Wetter laden und so dauerte dieser Vorgang über eine Woche. Wir nutzten die Zeit, um auch mal in Kleve an Land zu gehen. Wir liefen durch die Fußgängerzone, um uns für den Abend eine nette Kneipe oder Ähnliches zu suchen. Dabei kamen wir an einer Bäckerei vorbei, aus der es wunderbar nach Kuchen duftete. Obwohl wir schon ein ganzes Stück weitergegangen waren, drehte ich um und sagte: „Jungs, lauft ruhig schon weiter, ich hole euch gleich ein. Aber der Kuchen roch so gut, da muss ich mir erst einmal ein Stückchen holen." Ich ging zurück zur Bäckerei und öffnete die Tür.

Doch als ich meinen Blick hob, da glaubte ich, man hätte mir gerade eins mit dem Baseballschläger vor den Latz gegeben. Hinterm Tresen stand eine junge Dame, die mich anlächelte und mich total verzauberte. Mir war klar, ich konnte hier nicht nur ein Stück Kuchen auf der Hand holen und wieder rausgehen. So bestellte ich einen Kaffee und ein Stück Kuchen und stellte mich an den einzigen Stehtisch hinten in der Ecke. Nach einer Weile nahm ich meinen ganzen Mut zusammen und fragte die junge Dame, wo man denn am Abend hingehen könne. Sie sagte mit einem Lächeln, das alles dahinschmelzen ließ, wo sie am Abend sein würde. Mir war klar, da musste ich am Abend auf jeden Fall hin. Kurz bevor ich die Bäckerei verließ, fragte ich sie noch nach ihrem Namen und alles, was sie mir sagte, war: „Anita! Dann bis zum Abend, so gegen neun."

Ich irrte noch eine ganze Zeit durch die Fußgängerzone, um meine Kollegen zu suchen. Doch es war mir auch egal, ich fühlte mich einfach großartig. Alleine die Aussicht darauf, Anita am Abend zu sehen, brachte mich in richtig gute Stimmung. Als ich die anderen fand, bekam ich natürlich erst einmal was zu hören. Warum ich so lange bräuchte und, und, und. Ich sagte nichts von Anita, lieber fragte ich: „Und, wo gehen wir am Abend hin? Habt ihr schon was gefunden?" „Nee", war die Antwort, die ich bekam. Ich meinte nur: „Ich habe da hinten ein Plakat gelesen, auf dem 'ne Werbung von einem Laden war, der vielversprechend war." Einstimmig wurde beschlossen, dass wir erst zusammen was essen gehen wollten, um dann mit dem Taxi zu dem Lokal zu fahren. Gesagt, getan. Um kurz nach neun waren wir in dem Schuppen und ich brauchte noch nicht einmal zehn Meter zu gehen, da sah ich Anita schon stehen und sie schien auf mich zu warten. Sie schaute zum Eingang, und als ich kam, winkte sie mir schon zu. Ich ging zu ihr und unterhielt mich mit ihr. Meine Kollegen kamen vorbei und raunten mir ins Ohr: „Ja, ja, ein Plakat! Aber viel Spaß!" Anita und ich tanzten ein wenig, tranken noch ein Bier zusammen und beschlossen dann, dass sie mich aufs Schiff begleiten würde.

Wir verbrachten einige wundervolle Tage miteinander, wie immer schmerzte der Abschied ein wenig. Wir versprachen uns gegenseitig, dass wir uns schreiben würden. Und das Erste, was ich in England machte, war, eine Postkarte an Anita zu schicken. Auch aus Dänemark und Schweden schickte ich eine Karte. Doch leider kam nie eine Antwort von Anita. Aber mittlerweile war ich auch schon wieder darüber hinweg. Schließlich ging das Leben weiter.

Ein Bierglas im Gesicht

Wir waren nach einer normalen, vielleicht etwas ruppigen Überfahrt mit etwas Seegang in Le Havre angekommen. Wie immer ging es darum, übers Wochenende dort zu liegen und am Wochenende die Stadt und deren Schönheiten kennen zu lernen. Wie immer, wenn der letzte der Hafenarbeiter von Bord war, ging es darum, wann und wie geht es an Land? Wir haben uns dazu entschlossen, an Land essen zu gehen, und dementsprechend haben wir uns dann auch gleich in unsere Beautysalons begeben, um uns den Dreck und Schweiß abzuspülen. Wir hatten uns eine Stunde Zeit gegeben, um dann gemeinsam in die Stadt zu gehen. Wie immer, wenn es um Landgang ging, waren alle, die mitwollten, pünktlichst zur Stelle und auch das Taxi war da. Wir ließen uns ins Stadtzentrum fahren und liefen ein wenig die Straßen entlang. Nach etwa einer halben Stunde fanden wir ein Bistro, das sehr gemütlich aussah, und wir freuten uns schon auf etwas zu trinken und einen kleinen Happen zu essen.

Wir fanden einen Tisch mit fünf Plätzen und ich musste mich in die letzte Ecke setzen. Aber das war mir sehr recht. Denn so konnte ich einen großen Teil des Bistros überblicken. Und vor allem konnte ich die Tür sehen und somit auch Ausschau halten nach möglichen weiblichen Gästen, die hereinkamen. Ich wusste nicht, was ich zu essen bestellte, da ich der französischen Sprache nicht mächtig war und auch heute noch nicht bin und es wohl auch nie sein werde. Zu trinken hatten wir wie immer Bier bestellt und ich muss gestehen, für französische Verhältnisse kam es sehr schnell. Wir saßen gemütlich beisammen, unterhielten uns, und als das Essen kam, haben wir sehr gut gegessen. Nachdem wir uns auch noch eine Süßspeise bestellt und verzehrt hatten, bestellten wir uns noch eine Runde Bier und einen Schnaps dazu. Als unsere Bestellung angekommen war, prosteten wir uns zu und tranken unseren Schnaps.

Wir hatten das Bier noch nicht ganz zur Hälfte ausgetrunken, da standen in der hinteren Ecke des Lokals zwei Personen auf. Es sah so aus, als ob diese das Lokal verlassen wollten. Dazu mussten sie an unserem Tisch vorbei, doch alsbald sollte ich merken, dass ich mich in der Annahme, dass sie das Lokal verlassen wollten, schwer getäuscht hatte. Sie kamen in Richtung unseres Tisches, doch anstatt vorbeizugehen, kam einer der beiden hinter unseren Matrosen, nahm dessen Kopf in die Hände. Er drückte den Kopf mit aller Gewalt in Richtung Tischplatte. Bedauerlicherweise für unseren Matrosen stand dort noch sein Bierglas. Der Franzose, der ohne Anzeichen unseren Matrosen gepackt hatte, hörte auch nicht auf, den Kopf des Matrosen ins Glas zu drücken, als dieses bereits kaputt auf dem Tisch lag. Die beiden, die neben dem Matrosen saßen, schnappten sich den Franzosen und setzten ihn außer Gefecht. Als der Matrose den Kopf anhob, hätte ich fast auf den Tisch gekotzt. Das Bild hat sich tief bei mir eingebrannt. Es steckte noch Glas in der Backe und man konnte die Zähne durch die aufgeschnittene Backe sehen. Auch das Auge sah total entstellt aus. Bei genauerem Hinsehen sah ich, dass im Auge oder im Lid ein großes Stück Glas steckte. Es war etwas, was ich so noch nicht gesehen hatte, und mir wurde richtig übel im Magen, doch ich war auch nicht in der Lage, woanders hinzuschauen.

Plötzlich rief mich einer der anderen Jungs und sagte, ich solle dem Schwein den Kiefer brechen. Ohne zu überlegen und ohne zu zögern, stand ich auf, ging auf die Jungs zu, holte aus und ... rums. Mit aller Gewalt schlug ich dem Franzosen meine Faust aufs Kinn. Nach dem ersten Schlag war ich wie im Rausch und hämmerte eine Faust nach der anderen ins Gesicht und auf das Kinn des Franzosen. Dieser hing nur noch in den Armen der Jungs, doch ich konnte nicht aufhören. War das Hass? War es Wut? Waren es die Bilder unseres verletzten Matrosen, die mir vor den Augen tanzten? Was gab mir die Kraft, die Schmerzen zu ignorieren, die bei jedem Schlag durch meine Hand und meinen Körper zuckten? Als die Jungs merkten, dass ich nicht aufhörte, ließen sie den Franzosen los und packten mich. Ich schrie, sie sollten mich loslassen, ich wolle doch nur unseren Kollegen rächen. Und ich war im Begriff, auf den nächsten loszugehen, der eigentlich nichts mit der Sache zu tun gehabt hatte. Doch langsam kam ich runter und beruhigte mich. In der Zwischenzeit war die Polizei vor Ort und auch ein Krankenwagen. Der Arzt kümmerte sich bereits um unseren Matrosen und nach einer Weile stellte sich heraus, dass ich mit zur Wache musste. Ich ging ohne Gegenwehr mit und man behandelte mich gut. In der Wache hat man mir einen Übersetzer zur Seite gegeben und es wurde ein Protokoll aufgenommen. Als es fertig war, musste ich es unterzeichnen und dann konnte ich gehen.

Als ich an der Tür war, kam einer der Polizisten auf mich zu, gab mir die Hand und bedankte sich bei mir, dass ich diesem stadtbekannten Schläger eine Abreibung verpasst hatte.

Ich kann nicht sagen, warum, aber ich habe nie wieder etwas von dieser Sache gehört. Ich hatte fest mit einer Anzeige wegen schwerer Körperverletzung oder Ähnlichem gerechnet. Aber es kam nichts. Sicher können Sie nun verstehen, warum ich in Bistros und Kneipen nicht gerne esse. Und wenn es doch sein muss, dann muss der Sitzplatz stimmen und alle müssen recht gut geschützt sein. So dass sich dies nicht ohne Ankündigung wiederholen kann.

Schmuggel in der Putzlappenkiste

Ach, und dann ging es endlich wieder in die Sonne. Wir bekamen eine Zwischenladung für Italien, um danach eine Ladung für die Türkei aufzunehmen. Ich freute mich wie immer auf die Passage der Straße von Gibraltar und auf das Mittelmeer. Wir erledigten alle Malerarbeiten an Deck und schon nach kurzer Zeit waren wir rundum braun gebrannt. Mann, war das ein feines Gefühl! Einfach mit Musik aus dem Radio und schönem Wetter seiner Arbeit nachzugehen. Am Abend zusammen ein Feierabendbier beim Sonnenuntergang zu trinken und einfach hier zu sein. So vergingen die Seetage wie im Flug. Wir hatten Ladung für Trapanie auf Sizilien und sollten dort auch Ladung für die Türkei übernehmen. Als wir nun in Trapanie angekommen waren, ging alles seinen normalen Gang.

Zum Feierabend hin habe ich mir das Bordfahrrad genommen und bin raus zum Strand gefahren, da sonst keiner von den Jungs an Land wollte. Ich bin eine gute Stunde unterwegs gewesen, als ich an einem kleinen, aber feinen Strand ankam. Ich stieg ab, schloss das Fahrrad ab und ging an den Strand. Ich zog die Schuhe aus und es war einfach nur toll, den feinen weißen warmen Sand unter den Füßen zu spüren. Ich lief lange am Wasserrand entlang. Eine ganze Weile in die eine Richtung und wieder zurück. Als ich beim Fahrrad ankam, habe ich mir die Tasche runtergenommen und mir einen Platz gesucht, an dem ich wunderbar sitzen konnte, um mein Bier zu genießen. Da es schon dunkel wurde, wollte ich auch nicht mehr so lange suchen. Ich fand dann eine kleine Steinmauer, vielleicht fünfzig, sechzig Zentimeter hoch, und dahinter standen einige Büsche. Nun saß ich hier ganz alleine am Strand.

Und erlebte wieder einen dieser Momente, die man nicht wirklich beschreiben kann, und für Geld kann man sie schon gar nicht kaufen.

Es sind eher Momente, in denen die Batterien im Körper aufgeladen werden und von denen man noch jahrelang zehren kann. Wenn ich daran zurückdenke, dann würde ich mir wünschen, dass diese Momente nie vergehen mögen und man immer im Hier und Jetzt solche Momente hat. Ich saß nun also auf dem Strand, mit dem Rücken an die Mauer gelehnt und über mir die Büsche. Ich spürte den warmen, feinkörnigen Sand und es roch nach Süden. Es waren die warme Luft, das Salz des Mittelmeeres, der Thymian, der Oregano und welche Düfte sich auch sonst noch dazwischen befanden. Ich öffnete mein Bier, trank einen Schluck, schaute aufs Wasser und sagte zu mir selbst: „Ja, so soll es sein und so kann es bleiben. Was geht es mir gut!" Ich nahm Sand in meine Hand und ließ ihn langsam durch die Finger rieseln, trank bedacht mein Bier und merkte nicht, wie ich langsam, aber sicher immer tiefer rutschte. Ich habe nicht gemerkt, wie müde ich war und wie der Schlaf mich übermannt hat. Ich schlief tief und fest am Strand unterm Busch im Schutze der Steinmauer. Es war bereits hell geworden, als ich erwachte. Ich stellte fest, dass ich mein Bier nicht einmal zur Hälfte getrunken hatte und dass die Büsche, unter denen ich lag, Oleanderbüsche waren.

Und auch jetzt verzauberte mich dieser Moment und ich konnte ihn nicht tief genug in mich aufnehmen. Doch irgendwann musste ich los und so fuhr ich zurück zum Schiff. Dort war noch keiner aufgestanden, also duschte ich erst einmal, um dann ganz ruhig und gemütlich zu frühstücken. Wir entluden und beluden das Schiff und wir hatten schon bald die Passage des Bosporus voraus. Da der Alte wusste, dass ich ein Faible für Passagen hatte, durfte ich durch die Dardanellen und den Bosporus steuern. Als wir dann in unserem Bestimmungshafen ankamen, wurde ich wieder von Neuem fasziniert. Wir lagen in der unmittelbaren Nähe zu einer Moschee und wir wurden von den Gebeten quasi überschüttet. Und das im wahrsten Sinne des Wortes, denn die Moschee befand sich direkt über uns. Am Abend gingen wir an Land und schauten uns die Auslagen der Geschäfte an. Wir fanden eine Bar, in der wir etwas tranken, und wir begaben uns zeitig zurück. Diesmal habe nicht ich, sondern der Moses eine junge Dame kennen gelernt. Das hat uns richtig gewundert, da er von Haus aus eigentlich schüchtern, sensibel und verklemmt war. Aber wir gönnten ihm den Spaß.

Als wir ihn am nächsten Morgen an der Back beim Kaffee darauf ansprachen, wurde er ein wenig rot und meinte, er würde sie am Nachmittag wieder treffen wollen, wenn er frei bekäme. Ja, das war ja gut und schön, aber wir wollten natürlich Details.

Seine Wangen glühten noch mehr und er erzählte uns etwas verlegen, dass sie den ganzen Abend Händchen gehalten hatten und dass sie sich sogar zweimal geküsst hatten. Unser Bootsmann meinte in seinem unwiderlegbaren Charme: „Na, da pass man bloß auf, dass nicht die ganze Familie hier vorm Schiff steht und du sie heiraten sollst!" Das musste der arme Moses nun den ganzen Tag ein wenig über sich ergehen lassen, aber dafür hatten der Bootsmann und auch der Alte ein Einsehen und gaben ihm einige Stunden frei.

Am nächsten Morgen an der Back beim Frühstück war unser Moses wie ausgewechselt. Der Bootsmann fragte auch gleich unverhohlen: „Na, Moses, hast du dich zwischen ihren Beinen breitmachen dürfen?" Der Moses wurde rot und stotterte: „Nee, wir haben nur geküsst und uns nett unterhalten!" Der Bootsmann: „Ach, so nennt man das heute? Bei uns sagte man früher, die Alte wurde gebügelt oder flachgelegt oder die Nuss geknackt, aber das ...! Nee, Moses, das müssen wir noch üben. Und nun los, an die Arbeit, es soll gegen Mittag losgehen". Doch so weit kamen wir erst einmal nicht. Gegen neun Uhr rief uns der Alte zusammen. Er meinte nur: „Moses, runter in die Maschine und der Chief soll dich verstecken. Die anderen, wenn einer fragt, der Moses ist seit gestern nicht wieder an Bord gewesen!" „Jo, Kaptain", kam es einheitlich. Und der Bootsmann fragte noch: „Was ist denn los, Kaptain?" „Vor der Gangway steht die gesamte Familie der Kleinen und die wollen unseren Moses holen, damit er hier mal kurz einheiraten kann!"

So ernst die Lage auch war, wir konnten uns das Lachen beim besten Willen nicht verkneifen. Der Alte strafte uns mit einem Blick, aber wir konnten trotzdem nicht aufhören zu lachen. Es wurde noch viel hin- und herdiskutiert und man erlaubte sogar zweien von der Familie, sich davon zu überzeugen, dass der Moses nicht an Bord sei. Als wir dann endlich auslaufen konnten, war die Familie davon anscheinend überzeugt, dass er nicht an Bord war. Wir liefen aus und erst zwei Stunden später sagte der Alte dem Chief Bescheid, dass er den Moses jetzt auf die Brücke schicken könne. Dort angekommen, durfte er erst einmal berichten, was genau vorgefallen war. Und man muss sagen, er ließ nichts aus, nicht einmal, dass der Chief ihn gezwungen hatte, die Putzlappen aus der Putzlappenkiste zu nehmen, sich in die Putzlappenkiste zu legen, und dass der Chief ihn dann mit allen Putzlappen zugedeckt hatte. Dann wurde er erst einmal eingenordet und zur Zahlung des abendlichen Bieres verdonnert. Und was lernten wir daraus, man soll niemals über Heiratspläne ulken, sie könnten schneller wahr werden als gewünscht. Zum Glück hatte der Moses keine Adresse oder seinen gesamten Namen angegeben. Wir hatten zumindest für die nächste Zeit etwas, womit wir den armen Jungen hochnehmen konnten.

Strafrunde

Zudem musste er sich freiwillig in der Luke eins einfinden. Ach, das hatte ich ja noch gar nicht erwähnt. Die Luke eins. Die war bei uns berüchtigt. Die Luke eins war gleichzusetzen mit „zwischen den Spanten drücken". Oder anders erklärt: Wir hatten an Bord einen Kapitän, der auf die sechzig zuging. Und der hatte es in sich. Er war ehemaliger Amateurboxer und hielt sich durch Boxtraining mit dem Boxsack und uns fit. Immer wenn wir nun etwas ausgefressen hatten, hieß es: „Heute Abend treffen wir uns in der Luke eins!"

Was übersetzt so viel hieß: „Du bist am Abend mein Sparringspartner." Und da gab es auch kein Entkommen. Und zudem fand dies im sogenannten Versaufloch statt. Bei neuen Schiffen gibt es dieses Versaufloch nicht mehr, doch die alten Schiffe hatten dies. Es war der Platz gleich hinter der Back und vor der Ladeluke. Bei den alten Schiffen war die Back immer sehr hoch gebaut gewesen. Und das Schanzkleid (der geschlossene Rahmen um das offene Deck, ähnlich der Reling, halt nur geschlossen) war dieser wegen der Optik angepasst. Und somit entstand hinter der Back ein Platz, in dem sich sehr viel Wasser sammeln konnte, wenn die Welle vornüber kam. Das war unter Umständen so viel, dass man dort eben auch ertrinken konnte. Und bei uns hieß dieser Platz einfach Luke eins.

Und genau hier trafen wir uns am Abend, halt nach Feierabend, um mit dem Kapitän in den Ring zu steigen. Ich werde nie meinen ersten Boxkampf vergessen. Wie sollte es auch anders sein? Ich hatte meine Klappe mal wieder nicht halten können und bekam vom Alten auferlegt, mich am Abend mit ihm in Luke eins zu treffen. Natürlich waren alle gespannt gewesen und die Besatzung, bis auf den Wachgang, war in der Luke eins anwesend. Der Kapitän sagte zum Bootsmann:

„Spannt hier mal ein Seil, so dass wir hier ein schönes Quadrat haben und dies als Ring nutzen können." Die haben natürlich sofort getan, wie der Alte befahl. Und schon kurze Zeit später war unser Ring fertig. Der Alte erklärte uns die Regeln. „Jeder, der 'ne vorlaute Klappe hat oder der Mist baut, geht mit mir nach Feierabend in den Ring. Dabei habt ihr euch zu wehren. Es sind keine Tiefschläge oder hinterhältigen Tricks erlaubt. Keine Ellenbogeneinsätze und kein Bodycheck. Ihr bekommt zudem noch einen Kopfschutz auf. Wenn einer zu Boden geht, ist der Kampf beendet, und es wird nicht weiter darauf eingeschlagen. Oder anders gesagt: einfach Fairplay! Noch irgendwelche Fragen?"

Keiner sagte was, jeder schaute den anderen an. Da sagte der Alte: „Okay, Hein, dann komm her!" Er legte mir den Kopfschutz an und band mir die Boxhandschuhe. Dann zog auch er sich Boxhandschuhe an und ließ sich diese zubinden. Einer wurde beauftragt, nach drei Minuten die Runde durch Betätigen einer Glocke zu beenden. Genau wie zum Rundenbeginn. Die Pausen waren bei uns nicht so strikt, schließlich wollten wir ja Spaß. Nun stand ich da, und bevor ich mich's versehen hatte, hatte ich mir auch schon einige eingefangen. Um ehrlich zu sein, ich wusste nach dem dritten Hammer schon nicht mehr, wo vorne noch hinten war. Doch dann bekam ich erst einmal einen Anschiss vom Alten. Ich hätte mich gefälligst zu wehren und darauf zu achten, dass ich kein Backenfutter bekommen würde. Es gab eine etwas längere Pause und dann hieß es Ring frei für Runde zwei. Diesmal fing ich nun an, zaghaft nach unserem Kapitän zu schlagen. Ich kann doch meinen Vorgesetzten nicht hauen. Doch nach einer weiteren Runde konnte ich. Der Alte hat natürlich nur mit mir gespielt, doch am nächsten Morgen hatte ich ein fettes Veilchen und alle zogen mich damit auf. Aber egal, ich hatte Blut geleckt und fragte den Alten, als er zur Kaffeepause in die Messe kam: „Und wann bekomme ich meine Revanche?" Er lächelte und meinte mit einem Grinsen: „Jeden Abend, wenn du Lust hast, aber wir können festlegen, dass wir uns jeden Samstag auf See um drei Uhr am Nachmittag in der Luke eins treffen."

Und es hat Spaß gemacht. Ja, bald waren alle mit Eifer dabei und wir haben uns zweimal die Woche in der Luke eins getroffen. Zum einen, weil wir einfach zusammen waren und Spaß hatten, und zum anderen, weil es uns auch gefallen hat, zu versuchen dem Alten eins auf die Zwölf zu geben. Wenn das einer schaffte, wurde erst gejubelt, wenn der Alte nicht mehr anwesend war, und derjenige hatte für zwei, drei Tage den Respekt der ganzen Mannschaft.

Sandsturm

Auf dem Wege nach Cádiz in Spanien fuhren wir, nachdem wir den Bosporus und die Dardanellen passiert hatten, gen Westen quer durch das Mittelmeer. Dabei hat der Kapitän eine Strecke unter der nordafrikanischen Küste gewählt, da in Mittelitalien ein sehr starker Sturm wütete. Doch in den späten Abendstunden sollten auch wir unseren Sturm bekommen. Nur sollte dieser anders sein als die üblichen. Wir waren noch etwa 20 Meilen von der Küste entfernt. Da sahen wir etwas auf uns zukommen, was man wohl nicht immer zu sehen bekommt.

Von der Küste her näherten sich zwei Gebilde, die man als Windhosen bezeichnen konnte. Der Alte bestellte uns auf die Brücke und befahl uns, dass wir schnell noch einmal über Deck gehen sollten und alles sichern, was irgendwie zu sichern sei. Feuerkästen zum Beispiel mit einem extra Lasching zu verzurren oder Sachen, die man noch so bewegen konnte, in irgendeinen Raum zu schaffen. Auch Lufteinlässe sollten wir so weit schließen wie möglich, nur die von der Maschine sollten leicht geöffnet bleiben. Zum Schluss sagte er noch, sollte Windstille kommen oder sollte es stärkeren Wind geben, sollten wir sofort auf die Brücke kommen, und wenn wir es nicht schaffen könnten, sollten wir uns im Kabelgatt einschließen, bis einer kommen würde, um uns dort herauszuholen.

Wir taten wie befohlen, und als wir nach einer Stunde wieder auf die Brücke kamen, waren die Gebilde schon recht nahe gekommen. Wir waren total verschwitzt, doch ans Duschen oder ans Feierabendbier dachte keiner mehr. Der Wind ließ mehr und mehr nach. Der Alte brummte nur in seinen nicht vorhandenen Bart: „Das ist die Ruhe vor dem Sturm." Und er sollte recht behalten. Es dauerte nicht lange, da legte der Wind auf Sturm, ja sogar Orkanstärke zu. Es pfiff und heulte, so etwas hatte ich noch nicht erlebt. Man konnte weder etwas sehen, wenn man aus dem Fenster schaute noch wenn man ins Radargerät schaute. Draußen war es fast dunkel geworden, obwohl es eigentlich noch zwei Stunden Tag war. Doch an diesem Tag sollte es nicht mehr hell werden. Die gesamte Mannschaft war auf der Brücke und keiner sagte ein Wort. Hin und wieder war ein Murmeln zu hören, was darauf schließen ließ, dass einer von uns gerade ein Gebet für sich selbst sprach. An diesem Tag habe ich zum ersten Mal den Satz der christlichen Seefahrt begriffen.

Nicht dass ich nicht christlich erzogen wurde, wobei die Religion für mich nie eine Rolle gespielt hat, doch es können sich Situationen ergeben, da denkt man sich, dass ein Gebet nicht schaden kann. Und ob dieser Jemand, den man nun um Beistand bittet, Gott, Allah, Buddha, Manitou oder sonst wie heißt, welche Rolle spielt das? Sind wir nicht alle Menschen, die einander helfen sollten, wenn man in Not ist? Vielleicht sehe ich das auch nur anders, weil ich mit so vielen Glaubensrichtungen und Nationen zu tun hatte. Solange es friedliche Absichten sind, sollte man sich nicht scheuen, auch mal etwas von einer anderen Religion kennenzulernen. Aber zurück zur Seefahrt und zu unserem Sturm. Alles andere sollte nicht hier diskutiert werden.

Wir haben die ganze Nacht auf der Brücke verbracht und mit dem Morgengrauen ließ der Sturm nach und man konnte etwas vom Schiff erkennen. Statt des bisherigen Grüns war das Schiff mit einem rötlichen Mantel aus Sand überzogen. Oder zum Teil auch bis aufs Eisen von Farbe befreit. Der Sandsturm hatte an einigen Stellen wie Schmirgelpapier gearbeitet und der blanke Stahl war zu sehen.

Der Alte schickte uns in die Messe, um erst einmal zu frühstücken. Als wir das getan hatten und wieder auf die Brücke kamen, war der

Sturm fast komplett eingeschlafen und wir gingen daran, uns mit Schaufeln zu bewaffnen, um die Berge aus Sand ins Meer zu befördern. Nachdem wir vier Stunden geschaufelt hatten, haben wir das Deck mit dem C-Schlauch (Feuerlöschschlauch) gewaschen und hinterher noch mit Frischwasser abgespült. Dies muss man machen, da sonst Salz unter der Farbe bleibt und an dieser Stelle sehr schnell Rost auftritt. Als wir mit dem Waschen fertig waren, haben wir die Stellen, die gemalt werden mussten, getrocknet und dann noch mit einem Schlag Mennige versehen. So konnte es bleiben und wir konnten am nächsten Tag weitermachen.

Bis Cádiz hatten wir das Schiff wieder gut in Farbe. Und das sollte uns nun hilfreich sein, denn wir sollten nach Hamburg fahren. Und dort, das war fast sicher, würde jemand von der Reederei kommen. Und da macht es sich immer gut, wenn der Dampfer gut in Farbe ist.

Gran Canaria

Wir kamen an einem Freitag in Hamburg an und es war grau in grau. Die Temperaturen ließen zu wünschen übrig und der Alte kam zu uns in die Mannschaftsmesse und meinte: „Jungs, wer will, kann nach Hause fahren! Die fangen erst am Dienstag, vielleicht auch erst am Mittwoch mit dem Arbeiten an." Alle jubelten, nur ich regte mich nicht. Der Alte meinte zu mir: „Hein! Komm doch mal in mein Büro!" Also stand ich auf und folgte dem Kapitän in sein Büro. Als wir dort angekommen waren, fragte er mich, was denn los sei und warum ich mich nicht gefreut hätte, dass ich nach Hause fahren könne. Ich sprach eher zu mir selbst als zum Kapitän: „Was soll ich denn zu Hause? Meine Freunde müssen arbeiten, man kennt mich und das Wetter ist dort genauso sch..., 'tschuldigung, genauso trübe wie hier. Ich möchte einfach wieder in die Sonne! Vielleicht noch 'ne hübsche Frau im Arm und an den Strand!"

Unser Kapitän schaute mich an und sagte ganz ruhig und ernst: „Ach, Jung, dann geh doch zur Reeperbahn, schnapp dir 'ne Nutte und sag ihr, du lädst sie ein, mit dir nach Gran Canaria zu fliegen. Du zahlst Flug, Hotel und dafür darfst du sie vögeln!" Mmmhhh, die Idee gefiel mir gut. Ich bedankte mich und fragte im gleichen Atemzug: „Kaptain, ich brauch da mal noch eben 3.000 Mark." Etwas erstaunt und für mich nicht ganz nachvollziehbar kam die Frage: „Was willst du denn mit 3.000 Mark?" Ich: „Na, ich geh jetzt hin, such mir 'ne geile Nutte und flieg mit ihr nach Gran Canaria und von da schick ich dir dann auch 'ne Karte, Kapitän." Er grinste, schüttelte den Kopf und gab mir mein Geld. Ich ging pfeifend in die Messe zurück, trank meinen Kaffee und ging duschen.

Ich machte mich landfein, packte meine Klamotten in einen Rucksack und machte mich auf den Weg zur Reeperbahn. Nach einiger Zeit fand ich eine süße Maus, die bereit war, mit mir nach Gran Canaria zu fliegen. Wir fuhren zu ihrer Bude, sie packte einige Klamotten und dann ging es auch schon mit dem Taxi zum Flughafen. Wir fanden einen Flug und ein Hotel und drei Stunden später saßen wir im Flieger nach Gran Canaria. Wir hatten ein nettes Hotel erwischt. Nichts aus dem Fünf-Sterne-Bereich, aber es war sauber, das Essen war gut und es lag am Strand. Wir haben uns etwas frisch gemacht und die erste Nummer haben wir dabei gleich mal unter der Dusche gemacht. Es war nichts, was viel mit Gefühlen zu tun hatte. Es war einfach ... ein Geschäft.

Wir gingen an der Promenade entlang, in ein schönes einheimisches Restaurant etwas essen, anschließend noch in einen Club etwas tanzen und dann zurück ins Hotel. Am nächsten Tag habe ich unserem Kapitän via Reederei eine Karte geschrieben. Und so verbrachten wir vier schöne Tage auf Gran Canaria. Entspannt kam ich am Dienstagabend auf dem Schiff an und am Mittwochmorgen ging die Arbeit weiter. So blieb ich noch vier Wochen an Bord, bevor ich in Urlaub ging und wieder einmal die Schulbank auf mich wartete.

Erneut auf dem Schulschiff

Diesmal war die Schulzeit nicht so interessant wie im letzten Block. Wir gingen zwar des Öfteren in die Stadt, aber diesmal waren mehr Streber in der Klasse als Seeleute. Ich ging des Öfteren mit einem Kollegen aus dem höheren Block in die „Lila Eule" und ich fand auch eine Freundin, doch irgendwie kam keine richtige Stimmung auf. Die Zeit schleppte sich dahin und ich habe irgendwie die zehn Wochen herumbekommen. Das einzig Nennenswerte war, dass ich eine feste Freundin unter der Woche in Bremen hatte und eine am Wochenende daheim. Aber irgendwie waren wir nicht auf der richtigen Wellenlänge und wir konnten uns nicht so richtig unterhalten. Bereits nach vier Wochen hatte ich Sehnsucht nach der See und wollte einfach nur noch los.

Im Urlaub habe ich mich dann mit dem Auto aufgemacht und bin nach Spanien gefahren. Ich wollte wieder am Strand und in der Sonne sein. Die Tour hatte schon was. Ich bin dort geblieben, wo es mir gefallen hat, und ich bin gefahren, wenn es mir langweilig wurde. Ich habe einige Nächte im Auto geschlafen, einige am Strand und einige in schönen Hotels. So kam ich bis nach Andalusien. Ich wollte eigentlich bis Gibraltar fahren, um von dort über die Straße von Gibraltar zu schauen und Afrika in der Ferne sehen zu können. Doch wie so oft bin ich nicht so weit gekommen. Ja, ich habe es nicht einmal bis Málaga geschafft. Ich habe mich zuvor unsterblich in eine spanische Schönheit verliebt. Ich hatte Schmetterlinge im Bauch und ich konnte an nichts anderes mehr denken. Ich hatte sie durch Zufall in einem Laden getroffen. Ich kam in diesen Laden und da sah ich sie. Sie war, wie ich später genau herausfand, 1,67 m groß, hatte lange schwarze Haare, die fast bis zum Ansatz des Hinterns hinunterreichten und leicht gewellt waren. Dazu kamen diese schwarzen Augen, die Feuer versprühen konnten. Sie trug, zu ihr passend, ein rotes Sommerkleid. Da fiel mir auch gleich der Song „The Lady in Red" von Chris de Burgh ein. Und da sie nur Spanisch und ein wenig Englisch konnte und ich Deutsch und ein wenig Englisch, wurde es schwer mit der Verständigung. Doch wir haben an diesem ersten Tag gleich mehrere Stunden zusammen verbracht. Wir verabredeten uns für den nächsten Tag und den Tag darauf und den Tag darauf und ... Tja, so ging es über eine Woche. Und ich war so ... ich war ihr gegenüber so schüchtern, dass ich es in dieser Woche nicht einmal geschafft hatte, sie zu küssen. Oder um es anders zu sagen, ich hatte den Stift schon fast in der Hose.

Doch dann am Sonntag hatten wir uns nach der Kirche verabredet. Ich holte sie direkt an der Kirche ab und lernte ihre Eltern kennen. Hinterher fuhren wir zum Strand, und als wir zusammen auf der Decke lagen, da ist es irgendwie passiert, dass wir uns küssten. Da waren keine Schmetterlinge mehr im Bauch, das waren Düsenjäger. Und mein Puls schlug aus medizinischer Sicht gesehen viel zu schnell. Dieser Tag und die nächsten vergingen wie im Flug. Leider musste ich mich dann auf den Rückweg machen, um mein neues Schiff nicht zu verpassen. Aber so etwas war mir noch nicht passiert. Ich war mit einer wunderschönen Frau liiert und habe nicht mit ihr geschlafen. Irgendwie war das auch kein Thema zwischen uns gewesen. Doch ich wusste, dass diese Frau die Frau war, mit der ich bis zum bitteren Ende zusammen sein wollte. Der Abschied wurde schwer und die Fahrt nach Deutschland dauerte eine Ewigkeit. Wir hatten uns versprochen, dass ich im nächsten Urlaub wieder zu ihr kommen würde und dass wir uns so oft wie möglich schreiben wollten und dass wir versuchen würden, einmal die Woche zu telefonieren.

Man soll es nicht für möglich halten, aber wir hielten unser Versprechen. Als ich zu Hause ankam, war schon ein Brief von ihr angekommen. Ich habe dann noch vier Tage daheim bei meinen Eltern verbracht und musste dann aufs nächste Schiff.

Waffenschieber

Nun merkte ich aber auch wieder diese Sucht nach der See in mir aufsteigen. Und ich war glücklich, als ich das Schiff endlich sah. Es war nicht das größte, aber ich fühlte mich wieder daheim. Die Jungs an Bord waren, soweit der erste Eindruck reichte, schwer okay. Und ich habe gelernt, mich auf den ersten Eindruck zu verlassen. In den seltensten Fällen lag ich damit daneben.

Wir hatten uns auch sehr schnell aufeinander eingespielt und die Zeit an Bord fing schon wieder an zu fliegen. Einer meiner Kollegen hier an Bord hatte eine etwas zweifelhafte Vergangenheit. Keiner sprach darüber, aber hinter vorgehaltener Hand wurde mir gesagt, dass der Matrose einige Jahre im Kittchen verbracht hatte, weil er unerlaubt mit Waffen gehandelt hatte. Da ich nun mal einer bin, der nicht gerne auf irgendein Gerede etwas gibt, nutzte ich die nächstbeste Gelegenheit und sprach Walter, den Matrosen, auf seine Vergangenheit an. Ich fragte ihn beim Feierabendbier: „Du, Walter, sag mal, die Jungs haben mir erzählt, du hast mal mit Waffen gedealt. Stimmt das?" Er schaute mich an, grinste und sagte: „Du bist mir eine Type. Aber du gefällst mir. Du bist direkt und ehrlich und man merkt, man kann sich auf dich verlassen. Und ja, ich habe mit Waffen gehandelt und ich war zu blöde und habe mich erwischen lassen und dafür acht Jahre eingesessen." Meine kurze und knappe Antwort brachte das Gespräch nicht gerade in Gang, dachte ich, doch ich sollte eines Besseren belehrt werden. „Dumm gelaufen und acht Jahre ist schon 'ne lange Zeit."

„Ja, es ist verdammt lang, aber ich würde es wieder machen. Und falls du was brauchst, sag einfach Bescheid, ich besorge dir, was du willst. Alles, was über Handfeuerwaffen hinausgeht, dauert über 'ne Woche, ansonsten kann ich es dir in den nächsten Hafen bringen lassen."

Über diese direkte Aussage war ich etwas ... ja, man kann sagen, ich war schockiert. Ich versuchte mir nichts anmerken zu lassen und sagte zu Walter, dass ich momentan nichts brauchen würde; sollte ich aber einmal in die Situation kommen, dass ich 'ne Waffe brauchen würde, ich würde es ihn sofort wissen lassen. Wir tranken noch ein, zwei Bier zusammen und für mich war alles geklärt. Ich hatte diese Sache eigentlich schon abgehakt, doch am nächsten Tag im Kabelgatt sollte ich nochmals daran erinnert werden.

Ich war kurz vor Mittag im Kabelgatt, um meine Farbe zurückzubringen und um mich für die Mittagspause etwas von derselbigen zu befreien. Da kam Walter an und sagte: „He, Hein, komm mal mit, ich muss dir mal was zeigen!" Ich folgte ihm und staunte nicht schlecht, als er 'ne Kiste aufmachte und ich sah, was drin war. Es waren einige Maschinenpistolen und Munition sowie einige Pistolen drin. Walter meinte: „Die gehen morgen von Bord, aber wenn du eine willst, für zweitausend kann ich sie dir überlassen." „Nee, danke, Walter! Wäre sicherlich nicht schlecht, ab und an mal so ein paar Schießübungen damit zu machen, aber das dürfte wohl etwas zu laut sein und dann haben wir den Alten im Nacken sitzen. Das bringt uns nicht wirklich was." „Okay, aber wann immer du willst, kannst du was bekommen." „Okay, danke, Walter!"

Mir war klar, dass ich gerade getestet wurde. Ich wusste nur nicht, ob der Alte eingeweiht war oder nicht. Somit beschloss ich, die Klappe zu halten und zuzusehen, was passierte. Einige Wochen später sollte ich erfahren, dass ich mit meinen Vermutungen dieses Testes recht behalten sollte.

Kaltes Bier

Die Zeit verging und es wurden auch keine Worte mehr über die Waffen verloren. Wir waren schon seit einiger Zeit im Mittelmeer unterwegs und die Tage waren einfach nur heiß. Man ging raus, fing an zu arbeiten und schon nach wenigen Minuten war die Kleidung triefend nass, so als ob man gerade aus der Dusche kam.

Wir hatten einen solchen Tag mit Rostklopfen und Malen fast hinter uns. Wir kamen nach und nach alle ins Kabelgatt, um die Farbe und unser Werkzeug zu verräumen. Ich war gerade dabei, mir den gröbsten Dreck abzureiben, als ich sagte: „Ohhh, jetzt gleich ein schönes erfrischendes kaltes Bier. Das wird was Feines." Da sagte der zweite Leichtmatrose: „Weißte, was du machen musst?" Ich: „Nee, was denn?" Man ist schließlich für neue Ideen zu haben. „Nach so einem Tag wie heute nimmst du dir ein eiskaltes Beck's, gehst unter die heiße Dusche und erst dort trinkst du das Bier! Das geht ab wie ein geölter Blitz!" Mmmhhh, nun war ich am Überlegen, wollten die mich verarschen, oder sollte es wirklich gut sein? Aber warum nicht mal ausprobieren? Ich ging also nach achtern, zog meine dreckigen Klamotten aus, holte mir ein schönes kaltes Bier aus dem Kühlschrank und ging unter die Dusche. Dort stellte ich den Strahl an und genoss das warme Wasser auf der Haut. Ich öffnete die Flasche Bier und setzte zum ersten Schluck an. Was soll ich sagen? Der helle Wahnsinn! Ich nahm einen kräftigen Schluck und ... ja, es war, es war einfach super! Der Geschmack war viel intensiver, von außen das warme Wasser und in der Kehle rann das kühle Nass hinunter. Der absolute Wahnsinn! Und ich muss gestehen, ich mache es von Zeit zu Zeit auch heute noch, wenn ich daheim im Garten schwer gearbeitet habe und so richtig Lust auf ein Bier habe, dann trinke ich es gerne unter der Dusche.

Als ich fertig war mit dem Duschen und zum täglichen Feierabendbier auf das Achterdeck kam, meinte ich zum Leichtmatrosen: „Danke für den Tipp mit dem Bier. War echt klasse." „Gern geschehen! Aber wir sind halt alle gleich. Wir sind alle unrasiert und fern der Heimat, fluchtverdächtig und staatenlos." Da meinte Walter mit einem Grinsen im Gesicht nur noch: „Du hast das Wichtigste vergessen. Wir sind von Haus aus schüchtern, sensibel und verklemmt, unrasiert und fern der Heimat, fluchtverdächtig und staatenlos." Tja und das wurde dann unser Spruch für den Rest der Zeit, die wir noch zusammen an Bord blieben.

Mittlerweile wurde ich von den Jungs schon immer ein wenig aufgezogen, da ich in jedem, zumindest aber jedem zweiten Hafen zwei oder drei Briefe von meiner Spanierin bekam. Sie hatten einfach keine Vorstellung davon, was ich für Magdalena empfand. Und mir war es egal, was sie zu mir sagten, ich freute mich auf jeden Brief von ihr und ich freute mich immer darauf, ihre Stimme zu hören, wenn ich sie aus dem Hafen, in dem wir gerade waren, anrief.

Der Stier und das Waschpulver

Auf einer dieser Fahrten mussten wir einige Sachen zu den Azoren bringen. Genauer gesagt, sind wir von Leixões (Portugal) aus zu Ponta Delgada auf den Azoren gefahren. Wir hatten einige Container, Kräne, Autos und Sonstiges geladen.

Auch hatten wir lebende Tiere an Bord. Als da wären: Schweine, Kühe und Pferde. Wir liefen aus Leixões aus und hatten bestes Wetter. Die See war ruhig, um nicht zu sagen: spiegelglatt und die Sonne strahlte von einem blauen Himmel herunter. Es war nachmittags und nach dem Auslaufen machten wir eine Coffeetime. Wir saßen wie üblich an der Back in der Messe und tranken unseren Kaffee, als der Matrose reingestürmt kam und sagte: „Los, Jungs, raus, ihr müsst mir mal schnell helfen." Wir schauten uns an, zuckten mit den Schultern, sprangen aber auf und liefen hinter dem Matrosen her. Er ging mit uns zu den vorderen Containern und da sahen wir das Malheur. Einer der Container war offen und davor lag eine Riesenmenge an weißem Pulver. Wir staunten nicht schlecht und fragten den Matrosen: „Was ist denn da passiert?" Er druckste etwas herum und sagte: „Na ja, der Container hatte keine Plombe und da habe ich mal reingeschaut, nicht dass da blinde Passagiere drin sind. Und als ich die Tür aufmachte, da schoss das Pulver raus und ich konnte die Tür nicht mehr zubekommen."

Nach einiger Zeit stellten wir fest, dass es sich um Waschpulver handelte. Der Container war so voll, dass wir uns nur erklären konnten, dass diejenigen, die den Container beladen haben, diesen hochkant aufgestellt und dann befüllt haben. Aber das war uns da auch egal. Guter Rat war teuer. Da kam auch schon der Alte an. Er schaute etwas verdattert und der Matrose klärte ihn auf. Der Alte überlegte kurz und meinte: „Gut, Jungs, besorgt euch genug Müllbeutel und schaufelt das Waschpulver in die Beutel. Diese lagert ihr, wo ihr Platz findet, und wenn ihr nichts mehr unterbringen könnt, dann schaufelt den Rest über Bord. Aber so viel wie möglich sichern, das können wir an die anderen Schiffe der Reederei geben." Wir taten wie befohlen und wir brauchten über zwei Stunden, um den Container wieder schließen zu können. Wir berichteten dem Kapitän und verabschiedeten uns in den Feierabend.

Am nächsten Morgen kam der Kapitän in die Messe und meinte: „Damit ihr Bescheid wisst, wir hatten letzte Nacht schweren Sturm, so mit drei bis vier Meter hohen Wellen." Ich schaute nach draußen und es war immer noch spiegelglatt. In diesem Moment sagte der Alte: „Hein, du hilfst dem Koch heute. Der braucht dich für eine nicht alltägliche Arbeit!" Na, ich ließ mich mal überraschen, was da auf mich zukam. Wir diskutierten, als der Alte weg war, warum wir Sturm gehabt hatten, obwohl keiner gewesen war. Nach dem Frühstück ging ich zum Koch und der nahm mich mit an Deck. Da war ich erst recht verwundert. Wir gingen zu den Rindviechern und der Koch meinte: „Siehst du den da?" Und zeigte auf einen Bullen, der es in sich hatte. „Ja", sagte ich zögerlich. Daraufhin sagte der Koch: „Weißt du, Hein, bei der schweren See hat das arme Vieh sich das Bein gebrochen und nun müssen wir das Tier notschlachten, um es dann zu entsorgen." Ich begriff nicht so ganz, da wurde er etwas deutlicher.

„Hein, wir werden das Vieh jetzt schlachten und am Abend haben wir ein schönes frisches Steak in der Pfanne." Oh, jetzt begriff ich und da ging es auch schon los. Nur leider hatte ich den unangenehmen Part dieser Arbeit. Ich sollte in den Käfig und das Vieh mit Gurten einfangen, damit der Koch danach dann zum Schlachten reingehen konnte. Also allen Mut zusammengefasst und rein in die gute Stube. Die Jungs hatten natürlich mitbekommen, worum es ging, und waren nun alle da, um mitzuhelfen. Sie gaben mir von außen Leinen durch die Gitter und ich legte dem Tier die Schlingen um den Hals und um die Beine. Damit wurde das Tier fixiert und der Koch erledigte den Rest. Als das Tier mit einem Schnitt durch die Kehle getötet war, haben wir es wie bei einer Hausschlachtung hochgezogen und ausbluten lassen. Danach haben der Koch und ich das Tier zerlegt und am Abend gab es die versprochenen frischen Steaks. Wie auch an den nächsten Tagen.

Magdalena

Und dann war es so weit. Ich musterte ab und ich konnte es kaum erwarten, dieses Mal nach Hause zu kommen. Zudem waren die Jungs bereits vor mir gegangen und ich war von der alten Crew der letzte Mohikaner. Doch nun war es so weit und ich flog von Athen nach Hause. In Bremen wurde ich abgeholt und direkt vor die Haustür gefahren. Das war schon ein feiner Service von der Firma, da brauchte keiner von der Familie sich frei zu nehmen, um nach Bremen zum Flughafen zu fahren und dann wieder zurück.

Ich blieb eine Woche bei meinen Eltern und dann machte ich mich mit dem Auto auf nach Südspanien. Ich hatte einen Monat Zeit, dann musste ich für den letzten Schulzeitblock in Bremen sein. Danach sollte ich dann noch weiter zwei Monate frei machen, um dann wieder auf ein Schiff einzusteigen. Doch das war noch weit weg. Nun ging es erst einmal zu der Frau, ohne die ich nicht mehr sein wollte. Ich fuhr und fuhr und fuhr. Nach 28 Stunden war ich dort, wo ich sein wollte. Ich konnte die Augen kaum noch aufhalten, war total überdreht, aber ich war da. Ich klingelte an der Tür, und da Magdalena nicht wusste, dass ich jetzt schon da sein würde, war sie auch sehr überrascht, als sie mich dort so stehen sah. Doch sie nahm mich in den Arm, wir küssten uns und wollten uns gar nicht mehr loslassen. Wir hatten noch kein Wort gesprochen, als irgendwann ihre Mutter ankam und fragte, wer denn da sei. Erst da lösten wir uns und ich bekam ein schwaches „Buenos Días" heraus. Selbst ihre Mutter strahlte mich an und ich fühlte, dass ich hier mein zweites Zuhause gefunden hatte. Wir verbrachten wunderschöne Wochen zusammen, doch dann musste ich wieder los. Wir kamen auf die Idee, dass Magdalena mit mir nach Deutschland fahren würde und dann nach drei Wochen mit dem Flieger zurückfliegen würde. Somit wurde die Zeit, die wir voneinander getrennt sein mussten, verkürzt und Magdalena konnte auch meine Familie kennen lernen. Als wir dann drei Wochen später am Bremer Flughafen standen und uns verabschiedeten, da war es wieder, als ob mir jemand das Herz herausreißen würde. Wo sollte das nur hinführen?

Doch kaum hatte ich meinen Schulzeitblock beendet, da zog es mich auch wieder mit dem Auto nach Spanien. Es war, als ob ich nie weg gewesen sei, und wir lebten einfach so in den Tag hinein. Sie ging ihrem Job nach und ich half bei ihren Eltern daheim, wenn es was zu tun gab. Nach drei Wochen sagte sie mir, sie müsse zum Arzt. Und ich machte mir große Sorgen um sie. Doch sie beruhigte mich und meinte, es sei nichts Schlimmes, nur 'ne Untersuchung beim Frauenarzt. Ich begleitete sie bis vor die Türe und wir verabredeten uns um die Ecke in einem Café. Ich saß dort in dem Café und wartete und dann sah ich sie kommen. Sie strahlte übers ganze Gesicht. An der Kreuzung hielt sie an und wartete darauf, dass die Ampel umsprang, und dann machte Magdalena sich auf den Weg. Sie hatte gerade die Hälfte der Straße überquert, als ein Auto mit viel zu hoher Geschwindigkeit auf sie zugerast kam. Sie hatte keine Chance mehr auszuweichen und wurde von dem Auto erfasst und auf die Straße geschleudert. Auch zwei andere Passanten hatten keine Chance und wurden erfasst.

Wie in Trance sprang ich auf und rannte zu Magdalena, ich kam bei ihr an und sie hatte ein Lächeln im Gesicht, doch sie bewegte sich nicht mehr und reagierte nicht mehr. Erst der Notarzt und die Polizei haben mich von Magdalena getrennt, doch zu diesem Zeitpunkt habe ich nicht verstanden, was sie zu mir sagten. Ich wurde vom Arzt versorgt und die Polizei brachte mich zu den Eltern von Magdalena. Erst dort realisierte ich, dass es Magdalena nicht mehr gab und auch nie wieder geben würde. Ich blieb noch bis zur Beerdigung. Ich war mit ihrer Mutter der Letzte am Grab. Da sagte ihre Mutter zu mir: „Hein, sie wollte dir an dem Tag, an dem sie starb, sagen, dass sie ein

Kind von dir erwartete! Sie kam nicht mehr dazu, doch sie hat sich so darauf gefreut!" „Danke, dass du so ehrlich zu mir bist, aber ich hoffe, du wirst verstehen, dass ich gleich gehen werde und dass ich nicht zurückkommen werde. Und ich werde auch kein Wort Spanisch mehr sprechen, es ist einfach zu schmerzhaft. Aber glaube mir, ich habe Magdalena und auch euch geliebt. Und danke, dass es euch gibt und dass ich diese Zeit mit euch verbringen durfte." Sie nahm meine Hand und uns rollten die Tränen über die Wangen. Nach einiger Zeit ging ich, ohne ein Wort zu sagen, zu meinem Auto und bin losgefahren. Ich weiß nicht, wie lange ich gefahren bin und wie ich überhaupt nach Deutschland gekommen bin, doch irgendwann war ich bei meinen Eltern. Sie wussten, was passiert war, da ich sie angerufen hatte, und sie nahmen mich auf, ohne ein Wort zu verlieren. Das habe ich so an meinen Eltern geliebt. Wir verstanden uns auch ohne Worte.

Und seit dieser Zeit habe ich kein Wort Spanisch mehr gesprochen. Heute tut es mir leid, denn oft könnte ich es gebrauchen, aber irgendwie habe ich auch keine große Lust mehr, es erneut zu lernen. Die Erinnerungen daran sind immer noch sehr schmerzhaft.

Das war meine Lehre und sie war sehr schön.
    Man muss nur das Beste daraus machen. Trotz der vielen Arbeit kamen der Spaß und die Menschlichkeit nie zu kurz. Auch wenn ich hier nicht alle Geschichten erzählt habe, so waren es doch zumindest die interessantesten. Und dies war erst der Anfang, es waren die ersten drei Jahre! Wie es weitergeht? Das ...
    ... tja, das steht vielleicht in einem anderen Buch.

ENDE Epilog

Liebe Freunde der Seefahrt, ich hoffe, ich konnte Sie ein wenig mit diesem Buch unterhalten und Ihnen einen kleinen Einblick in die Seefahrt geben.

Ich muss dazu allerdings sagen, ich hatte eine ausgesprochen gute Ausbildung und meistens mit sehr guten Menschen zu tun. Man sagt uns nach, dass wir etwas eigenbrötlerisch sind. Doch wen wundert es? Wir werden oft missverstanden, weil wir in einer Welt leben, in die nur wenige Außenstehende Einblick haben. Und weil es ein ungeschriebenes Gesetz ist, dass das, was an Bord passiert, auch an Bord bleibt.

Dies hat sich erst mit der Zunahme von Passagierschiffen geändert. Doch dort sind in der Regel kaum noch „richtige" Seeleute anzutreffen. Dort trifft man eher auf die Sehleute, die mit H geschrieben werden. Zudem wird dort meistens die Hotelcrew mit der Deck-/Maschinencrew verwechselt. Und die vom Hotel sind nun mal keine Seeleute. Sie machen uns das Leben meistens nur schwer. Aber teilweise auch schön.

Und zum Abschluss möchte ich mich noch einmal ganz besonders bei allen bedanken, die es mir ermöglicht haben, dieses Buch zu schreiben. Und danke an alle, die ich während meiner Lehre kennen lernen durfte, und dafür, dass wir ein Stück gemeinsam den Weg des Lebens gehen konnten und dabei dieses Niedergeschriebene und vieles mehr zusammen erleben durften.

Vielen lieben Dank!

Und immer daran denken, es ist nicht schlimm, wenn man hinfällt, man muss nur wieder aufstehen und weitergehen. Denn ist ein Tag vorüber, ist nichts mehr, wie es war.

Euer Kaptain Hein Seemann